滝めぐり

信州＋県境の名瀑120選

写真・文
日野 東

信濃毎日新聞社

—滝を見に行こう—

山々に降り注いだ雨は、集まって沢や川となり、その途中に岩の断崖があれば、そこに滝が生じる。降水量が多く、しかも国土の7割を山が占める日本に滝が多いのは、ごく自然なことだ。

中でも信州は、日本の屋根ともいえる脊梁《せきりょう》山脈を複数有し、その前衛の山々も含めれば、起伏に富む地形に広く覆われている。その分、より多くの谷が刻まれ、そこに無数の滝が懸かることになった。

そんな滝には、さらさらと岩肌を流れる優しい滝もあれば、一直線に落下し、轟々《ごうごう》と爆音を立てる荒々しい滝もある。しかし、形態の違いや規模の程度に関わらず、すべての滝に共通するのは、そこに水の複雑な動きがあって、その動きこそが、滝の魅力を生み出す最も重要な要素になっているということだ。同じ水が作り出す自然景観でも湖沼や湿原が、「静の景観」であるのに対して、滝は「動の景観」である。この「動」があるからこそ、滝は人の心を惹《ひ》きつけるのだろう。

ところで、これまで滝の本といえば、写真を見せることに主眼を置いたものが多かった。意外にも滝を訪問する人の視点に立った本は、少なかったのが実情である。本の執筆者が、滝の写真撮影を一番の目的にしていれば、そういうタイプの本になるのはやむを得ないことだが、実際、これらの本を参考に筆者が現地に行ってみたところ、迷うことが何度もあった。現地の道標や案内板がよく整備されている滝もあれば、一方で、あまりよくない滝もあり、当然ながら後者は迷いやすい。そこで本書は、「現地で迷わない本」にしたいと考えた。

本書の企画目的は、滝の写真集を作ることではない。あくまで滝を見に行くために必要な情報を提供するガイドブックという位置付けである。駐車場と遊歩道、観瀑《かんばく》台、滝の細かい位置関係までもわかる詳細な地図を入れたのも、「現地で迷わない」ための一案である。

また本書が選定したのは、「誰でも訪問しやすい滝」である。そのほとんどは身近で手軽な滝であり、家族連れでもＯＫという滝がほとんどだ。たとえ類書には載っていても、遊歩道が荒れていた滝は掲載を見送った。

あくまで筆者が「実際に見て魅力を感じた」信州とその周辺の滝１２０瀑を独断と偏見で選んだものだが、他にも魅力的な滝がたくさんあり、中にはいろいろご意見があるかもしれない。至らない点は、どうかご容赦いただきたい。

ちなみに過去に撮影した写真も一部使用しているが、本書の取材は、そのほとんどを２０１７年に行い、最新の現地情報を基にしている。

日野　東

目次マップ①
北信～東信～新潟・群馬

目次マップ②
北信～中信～新潟・富山

目次マップ③
東信～南信～群馬・山梨

目次マップ④
東信～中信～南信

目次マップ⑤
中信～南信
唐沢の滝 P70
清滝 P74
新滝 P76
小野の滝 P178
牛ヶ滝 P84
田立の滝 P88
うるう滝 P94
男滝・女滝 P96
姿見不動滝 P179
不動滝 P112
桑原の滝 P114
樽本の滝 P115
不動滝 P178
唐沢の滝 P116
信玄滝 P179
不動滝 P180
浄心の滝 P180
瀬戸かつら大瀧 P181
つたの滝 P117
西野川
木曽町
木曽川
御岳湖
王滝村
上松町
大桑村
伊奈川
南木曽岳
南木曽町
妻籠宿
馬籠宿
中津川市
恵那山
恵那山トンネル
岐阜県
阿智村
阿知川
恵那市
平谷村
売木村
根羽村
茶臼山
愛知県
豊根村
設楽町
きそふくしま
JR中央本線
あげまつ
寝覚の床
のじり
なぎそ
さかした
中津川IC
木曽駒ヶ岳
空木岳
権兵衛トンネル
箕輪町
いなまつしま
南箕輪村
JR飯田線
伊那IC
いなし
伊那市
天竜川
宮田村
駒ヶ根市
光前寺
こまがね
駒ヶ根IC
駒ヶ岳SA
中央自動車道
飯島町
いいじま
中川村
松川町
松川IC
いなおおしま
高森町
小渋湖
小渋川
大鹿村
豊丘村
いちだ
飯田市
いいだ
飯田IC
三遠南信自動車道
喬木村
飯田山本IC
園原IC
天龍峡IC
てんりゅうきょう
下條村
泰阜村
ぬくた
阿南町
天龍村
ひらおか
みさくぼ
浜松市天竜区
川根本町
静岡県
静岡市葵区
光岳
聖岳
荒川岳
入笠山
美和湖
三峰川
19
361
152
153
256
151
418
257
N
0
10km
1:440,000

目次マップ⑥
南信～中信～岐阜

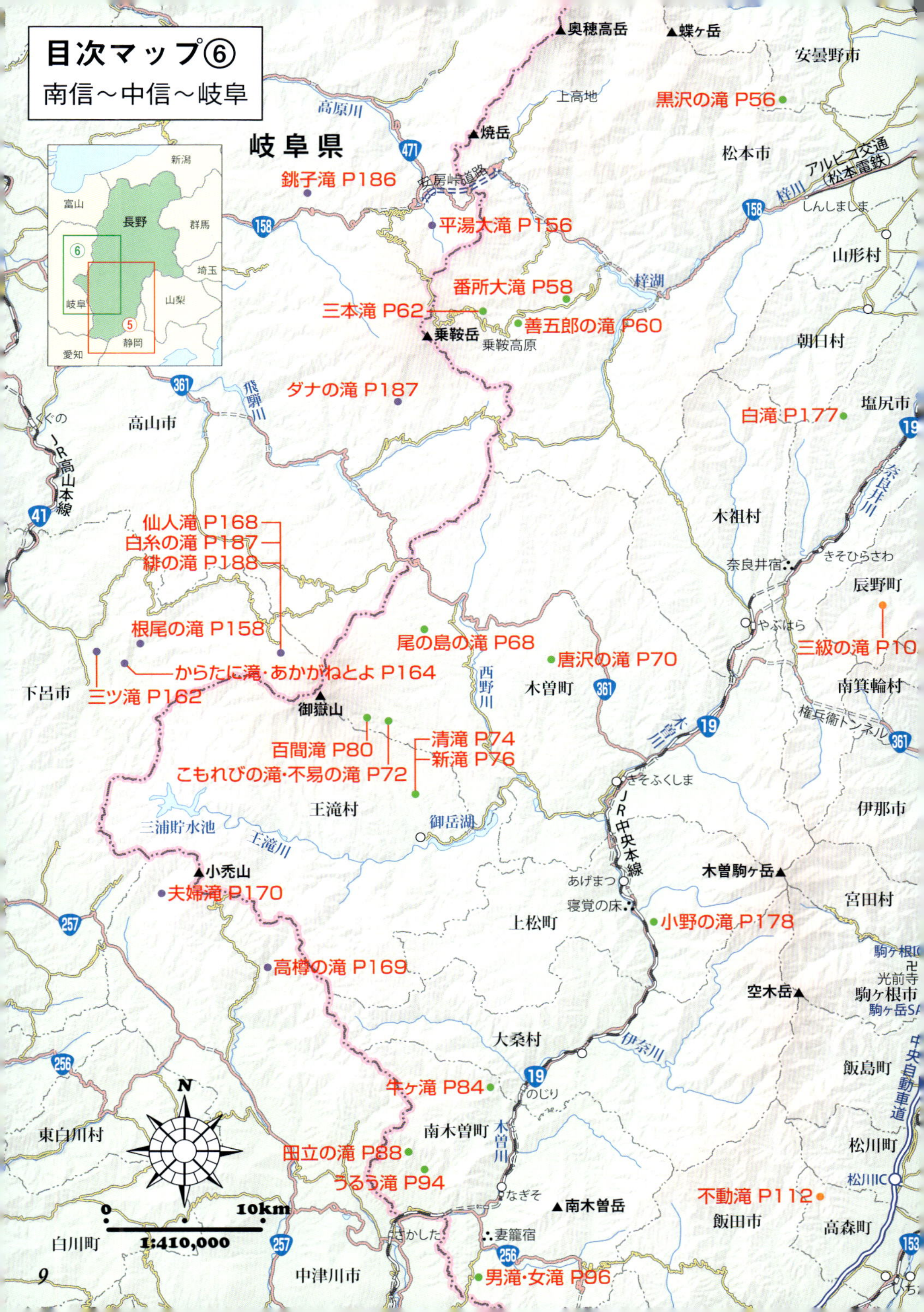

本書は、信州と隣県エリアにある魅力的な滝を厳選して紹介するガイドブックです。「120選」には、目次には示していないが、本文中では触れた滝を含みます。身近で手軽な滝であることを第一条件に選びましたので、徒歩数分程度で滝に達するものが多く、家族連れで楽しめます。一部、徒歩30分以上の滝もありますが、いずれの滝も平均的な体力を有する成人であれば、難なく訪問できます。ただ、登山コースの場合は最低限の登山装備が必要です。

本書掲載のデータは2018年1月現在のものです。経年変化は当然生じるほか、今後、工事や災害等による道路や遊歩道の通行止め、バス路線の廃止等もあり得ます。特に雪解け直後や台風通過後は、地元市町村や観光協会に確認してから訪問されることを強くお勧めします。

なお滝名や地名は、現地標識や地元市町村サイトの表記に合わせましたが、国土地理院地図や滝の関連書籍なども参考にしました。

タイトルまわり

滝の名称とともに所在市町村名、滝の標高、落差（または全長）、滝の向き、徒歩による所要時間、訪瀑レベルを掲載しました。また、おおよその場所を把握しやすいように「〇〇山麓」「〇〇渓谷」といった名称も入れておきました。

滝の標高は、国土地理院地図の滝記号があるポイントにおける標高値を拾ったものですが、滝には当然「落差」という幅がありますので、目安程度と考えてください。また、滝の位置は国土地理院地図に記号表示がない、あるいは、あっても間違っていることもあるため、筆者推定のものもあります。

滝の落差は諸説あり、しかも実際よりも明らかに高めであることが多く、必ずしも正確ではない印象です。本書ではそれを念頭に、現地での目測も含めて、なるべく正しい数値に近づけるように慎重に検討しました。ただ、目測自体に高い信頼性があるわけでもなく、またP119のコラムで紹介した方法で、一つ一つの滝の落差を計測したわけでもありません。明らかに数値がおかしい場合は、その理由も本文に触れましたが、筆者が間違っている可能性もあります。

滝の向きも、現地で方位磁石を使って確認したわけではなく、上記同様、あくまで国土地理院地図の滝記号の向きとしました。

訪瀑レベルは、家族連れ向き（初心者や小学生程度の子供連れ向き）と一般向き（標準的な体力をもつ大人向き）の2通りがありますが、無理は禁物です。

なお「日本の滝百選」に選定されている滝には、ひと目で区別できるようにマークを付けました。

本文ほか

本文では、アクセス方法や滝の故事伝説、興味深い話題などを解説。さらに、一部にはコース状況を写真で追って確認できるコースシミュレーションを入れました。

写真のキャプションには撮影時期（例えば「7上」は7月上旬の意）を記しましたが、晴れた日に撮影した一部の写真には、太陽光線が滝全体を照らし出す時刻がわかる方が便利なので、撮影月日・時刻も入れました。また、遠望する滝の場合は、撮影した35㎜フルサイズカメラにおけるズームレンズの焦点距離も書き添えました（APS－Cサイズ等のカメラでは、レンズ焦点距離が変わります）。掲載写真は若干トリミングしていますが、持参するレンズを選ぶ上で参考になるかと思います。

DATA欄

◆取材メモ・アドバイス・コース概略

訪瀑の際に参考になる情報をまとめました。

◆交通アクセス

最寄りの高速道路IC、または鉄道駅からのアクセス方法です。車の場合は、主に長野県内からのアクセスルートを説明しましたが、長野県内でも他県でも、起点次第で最短ルートは変わります。

◆問い合わせ

滝所在地の市役所・役場の観光担当部署、観光協会等の電話番号です（役所の代表番号も含む）。一般的な問い合わせ先なので、ご要望の情報を得られない場合があります。

地図

徒歩数分程度の滝であっても、すべて詳しい地図を掲載しました。駐車場、遊歩道、観瀑台、滝だけでなく、周辺の施設やランドマークも含めて位置関係が把握しやすくなっています。「地形図＝」は、国土地理院発行2万5000分の1地形図の図葉名です。

コースタイムは「ややゆっくりめ」の設定としています。歩く速度は個人差があり、休憩時間なども含まれていません。

また、起点となる駐車場・駐車スペースの位置情報（緯度・経度、マップコード）も付記しました。訪瀑前にあらかじめインターネットの地図で位置を確認したり、カーナビゲーションに目的地として設定できます（マップコードの設定方法はカバーそで参照）。

国土地理院地図サイト http://maps.gsi.go.jp/ では、緯度・経度を入力すると地図上に表示されます。本書も同サイトも、世界測地系の60進数［dd°mm′ss″］形式を採用していますので、変換作業の必要ありません（10進数を採用している地図サイトでは、ネット上の計算サイトで要変換）。フリーソフト「カシミール3D」では「地図表示」の表示測地系を「WGS84」に変更してから［ジャンプ］→［緯度・経度へ］で数値を入力します。

訪瀑の際の注意

本書掲載の滝には、ほとんど歩きやすい遊歩道が整備されていますが、少々危険な箇所が含まれる滝もあります。また、滝壺周辺にはぬれた岩が多く、非常に滑りやすくなっていますので、十分に注意してください。足回りは、トレッキングシューズがお勧めですが、長靴は渓流にそのまま入れて便利です。

滝周辺の新緑や紅葉の見頃

新緑や紅葉の見頃は、標高との間におおむね相関関係があると考えられますので、グラフにしてみました。各タイトルに記載してある滝の標高値を左のグラフに当てはめれば、例年の見頃がわかります。ただ、樹種や地域、年によって多少の差が生じることもあるため、見頃期間は、少し余裕をみてあります。グラフの真ん中あたりが最も無難で、端の方の時期では見頃でない可能性もあります。問い合わせしてから訪問するのが確実です。

信州とその隣県エリアにおける新緑と紅葉の見頃グラフ

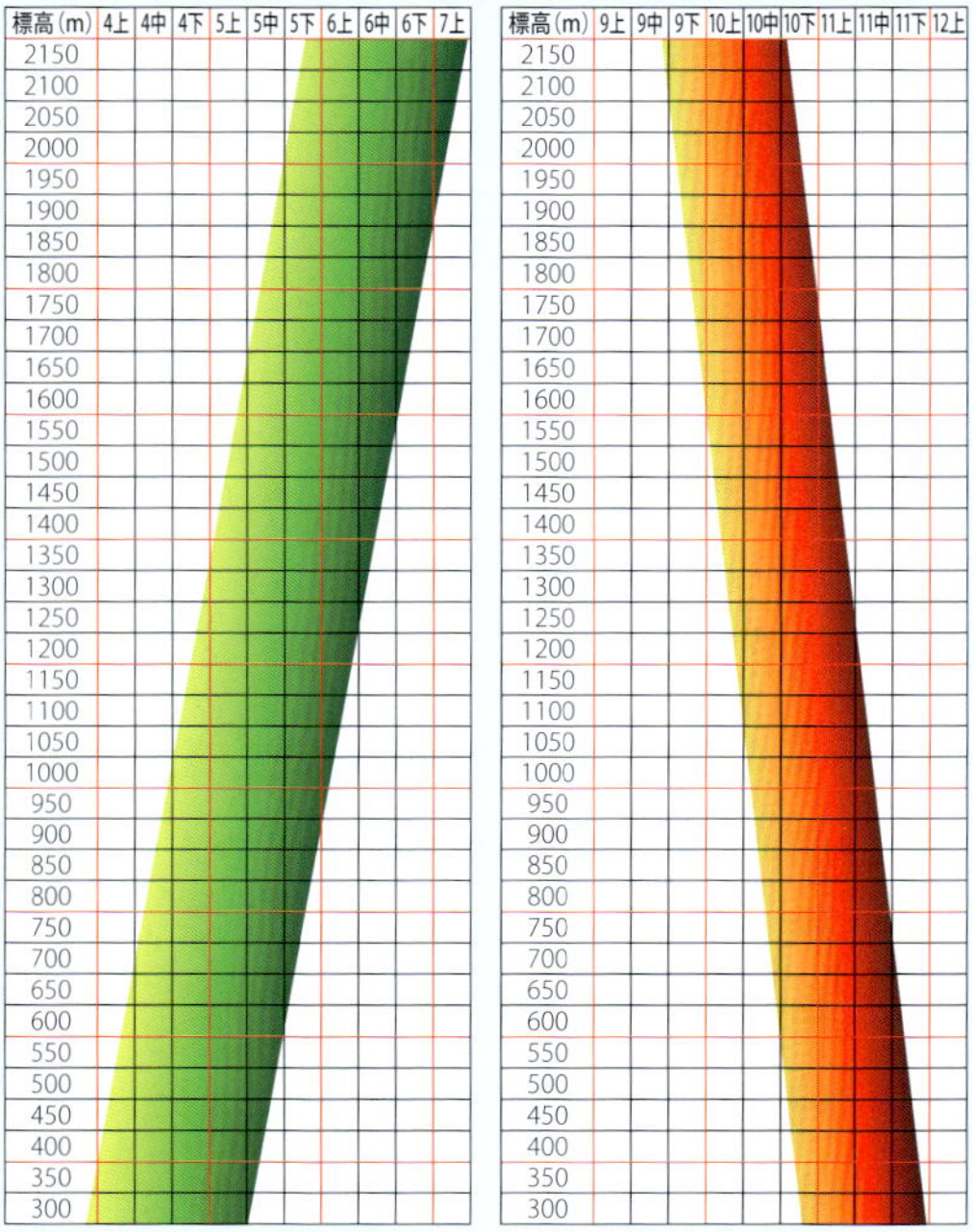

地図凡例

- ＝滝
- ＝河川の流れる向き
- ＝本文で解説した訪瀑コース
- ＝サブコース
- ＝コースの起点（駐車場）
- ＝マップコード
- ＝コースタイムの基点
- 0:30 ＝赤丸区間の歩行所要時間
- ＝その他の登山道や遊歩道
- ＝山小屋・避難小屋

国道292号沿いなので容易に観瀑

そうめん滝

そうめんたき

飯山市

標高535m／落差15m／西／徒歩すぐ／家族連れ

　飯山市関屋地区にある涼しげな滝。「関屋のそうめん滝」とも呼ばれる。

　飯山市街地から新潟県妙高市に続く国道292号を北上する。市街地から約5km先の大川トンネルを抜けると、ほどなく右手に見えてくるが、案内標識は一切ない。ただ、車窓からもよく見えるので、注意していれば見落とすことはないだろう。滝の前に駐車スペースがあり、車を停めれば、すぐ観瀑可能だ。

　松田川の支流に懸かる落差15mほどの滝で、滝口は狭いが、流身は半開きの扇状となり、傾斜した黒い岩肌に白い簾《すだれ》がかかっているかのような美しい流れを見せている。

　日照りが続いたあとは、ほとんど水が流れていないこともあるので、雨の日のあとに行くなど、タイミングを考慮した方がいいかもしれない。水量が多い時であれば、掲載した写真のように見応えは申し分ない。

　その昔、村人が当地を訪れた名僧にこの滝の水で冷やしたそうめんをごちそうしたところ、名僧は大変喜んだ――。そんな故事に由来するといわれるが、滝の繊細な流身も、まるで幾筋にもなって流れるそうめんのようだ。

DATA

◆アドバイス

新潟県側に抜け、県道412号を東進すると、下平丸地区の白岩公園に落差10mの白岩の大滝がある。

◆交通アクセス

車：上信越自動車道豊田飯山ICから国道117、292号経由で約16km。滝の前に広い駐車スペースがある。

◆問い合わせ

信越自然郷 飯山駅観光案内所☎0269-62-7000

飯山市商工観光課観光係☎0269-62-3111

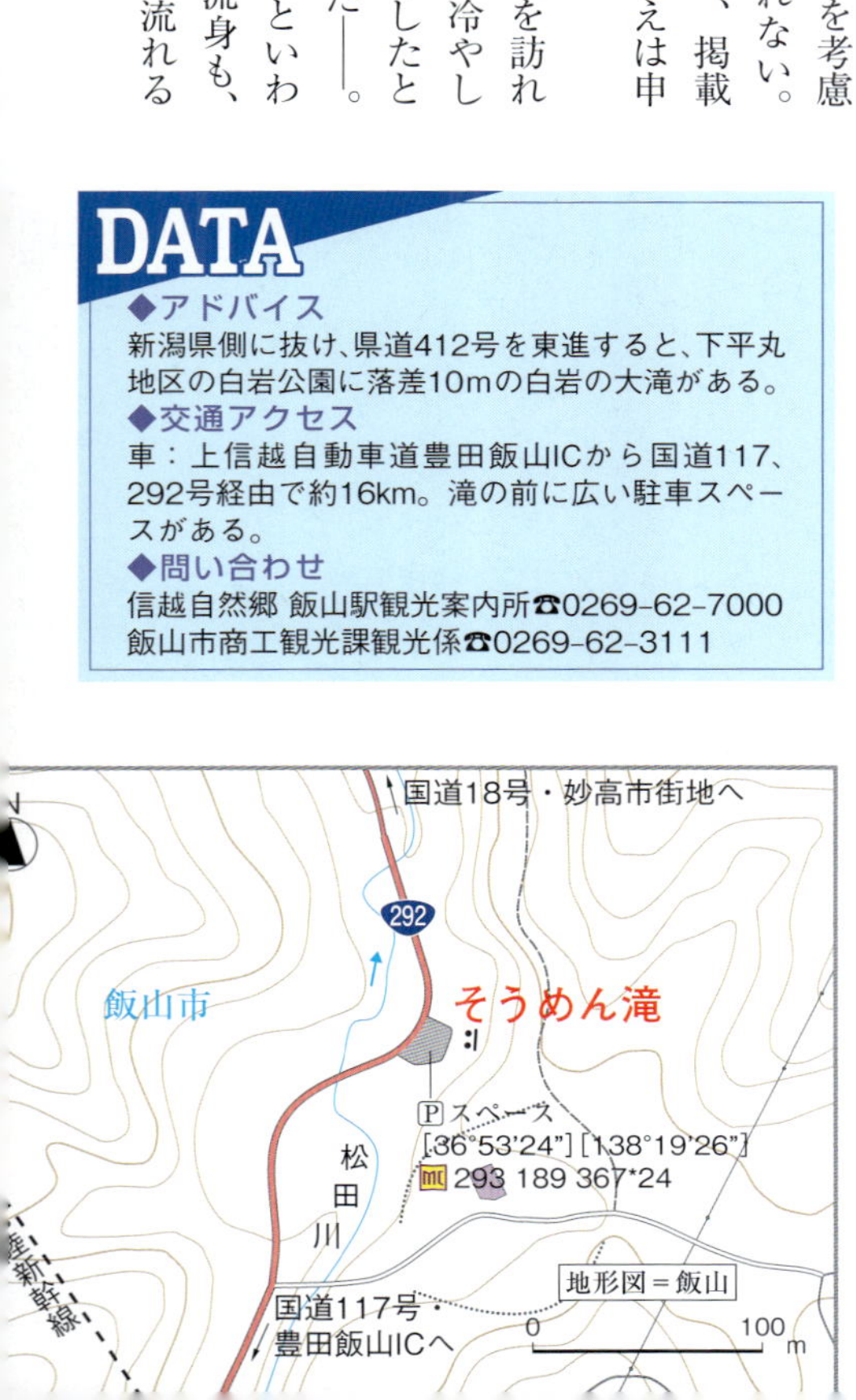

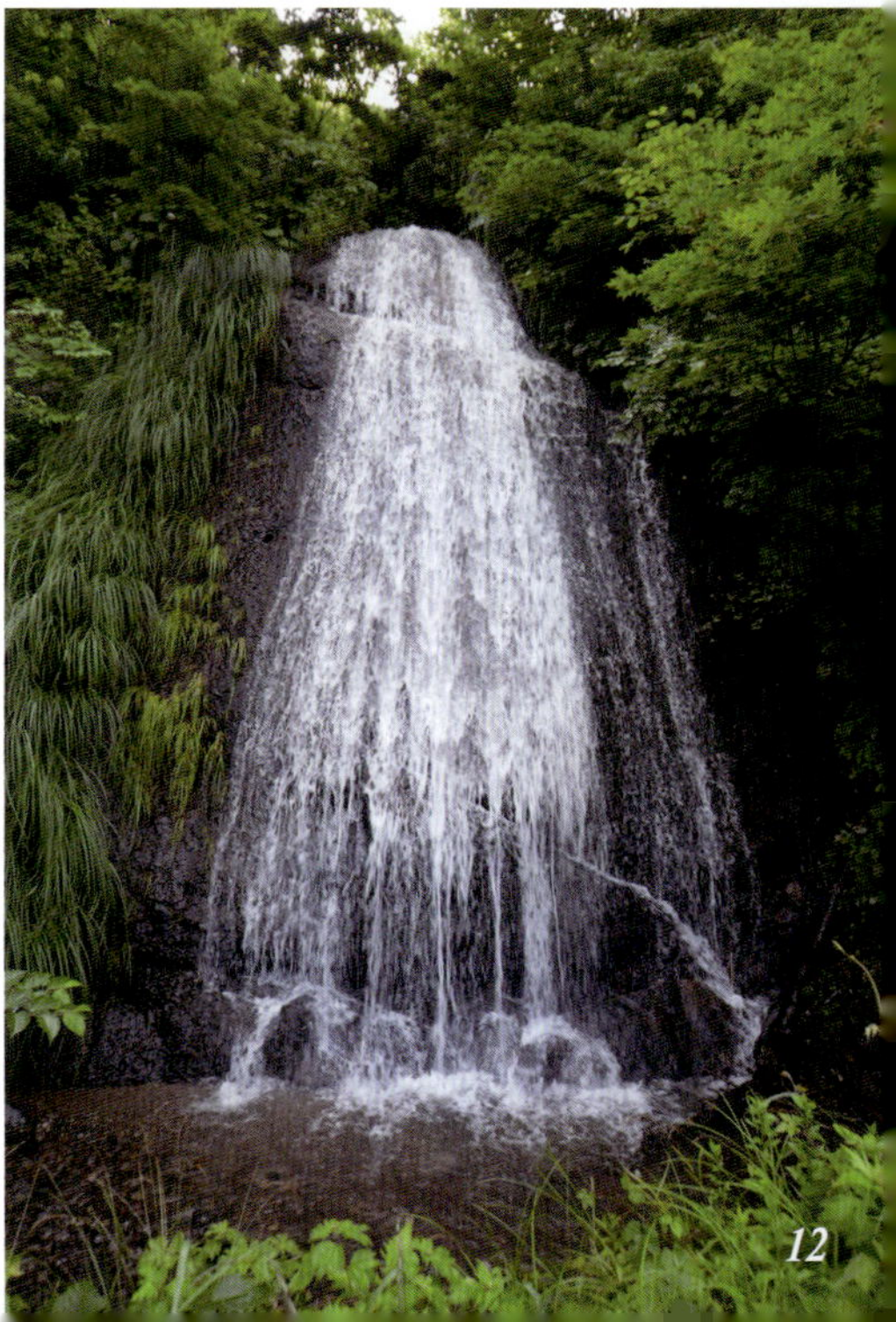

水量が多い時のそうめん滝。やはりこれくらいの流れがある時に見たい（7上）

苗場山に発する小赤沢川がつくる

苗場山麓・秋山郷

大瀬の滝

なえばさんろく・あきやまごう おぜのたき

栄村

標高960m／落差15m／西北西／徒歩3分／家族連れ

新潟県津南町側から国道405号でアクセスする場合は、その手前で蛇淵の滝（P181）の案内標識を見て、さらに国道を南下。小赤沢《こあかざわ》橋を渡ってすぐに左折してもよいが、その80m先で「苗場山登山道入口」の標識に従って左折する方がお勧めだ。

小赤沢川沿いに続く狭い舗装道路を上がって行くと、右カーブ地点で諏訪神社が見えてくる。ここが滝の入口。

この神社は、大正3（1914）年の集中豪雨による災害がきっかけで建立された。向かいの駐車スペースに車を停めて神社横の広い道へ入ろう。すぐに左手前方の木々の間に大瀬の滝が姿を現し、道は小径《こみち》に変わって滝の前に出る。小赤沢川に懸かる滝で、樋《とい》のように削られた岩の間を流れ落ちている。

多くの滝関連本では「おおせのたき」とルビが振ってあり、国土地理院地図では「大ゼンノ滝」と表示されているが、現地解説板には「おぜのたき」とある。

この解説板によると、大瀬の滝を作る岩盤は、熔岩《ようがん》と水が激しく反応してできた水冷《すいれい》破砕《はさい》熔岩（ハイアロクラスタイト）からなり、蛇淵の滝の岩と同じだそうだ。

落差は諸説あるが、本書では現地解説板に従った＝7月7日13時30分撮影

DATA

◆交通アクセス

車：上信越自動車道豊田飯山ICから国道117、405号、村道経由で約68km。ほかに上信越道信州中野ICから志賀高原や雑魚川林道（全線舗装）を経由するアクセスルートもある。諏訪神社向かいと上の入口にそれぞれ駐車スペースがある。

◆問い合わせ

栄村秋山郷観光協会☎0269-87-3333

栄村秋山支所観光係☎025-767-2202

雑魚川に懸かる三段滝

奥志賀渓谷 大滝

おくしがけいこく おおぜん

栄村／山ノ内町

標高1120m／落差25m／東南東／徒歩20分（往復40分）または一巡2時間20分／家族連れ

志賀高原に発した雑魚川《ざこがわ》は、岩菅山《いわすげやま》や又七山《またしちやま》、鳥甲山《とりかぶとやま》などの山塊に阻まれて、大きく迂回して秋山郷へと流れ下るが、その中流に懸かるのが大滝である。大滝と書いて、「おおぜん」と読み、雑魚川最大の滝とされる。

大滝周辺には、奥志賀渓谷遊歩道が整備され、大滝を訪ねるには、この遊歩道を利用することになる。入口は3ヶ所あるが、東側入口の方が近く、ここからだと徒歩約20分で観瀑台に着く。

一方、西側入口を起点にして奥志賀渓谷遊歩道を散策して滝に向かうのもよい。その場合、入口付近の路肩に駐車スペースがあり、滝まで1時間30分ほどだ。

遊歩道沿いには、その形から命名されたというハーモニカの滝のほか、廻《めぐ》り逢《あ》いの滝や三段滝があり、少し足をのばせば満水滝もある。特に秋は、紅葉が見事で、ファミリーでも容易に散策可能だ。

大滝の観瀑台は、雑魚川左岸にあり、灰色の岩をえぐるように轟々《ごうごう》と水流が落下する様子を望める。

ただし、過去には滑落事故も起こっているので、写真撮影の際には無理に身を無理に乗り出さない方が無難。

岩盤は深くえぐれ、滝壺はエメラルドグリーン色を呈する。2段に見えるが、3段の滝だ（10下）

DATA

◆コース概略
大半は、ごく緩いアップダウンがある程度。観瀑台へ下る箇所だけ急斜面。

◆交通アクセス
車：上信越自動車道信州中野ICから志賀中野道路、国道292号、県道、雑魚川林道（全線舗装）経由で約45km。東側入口と西側入口に数台分の駐車スペースがある。

◆問い合わせ
栄村秋山郷観光協会☎0269-87-3333
栄村秋山支所観光係☎025-767-2202

東側入口の駐車スペース

奥志賀渓谷の紅葉（10中）

廻り逢いの滝（10中）

展望台から700m先に遠望する

志賀高原 潤満滝

しがこうげん かんまんだき

山ノ内町

標高1260m／落差107m／北西／徒歩1分（志賀名水公園からは徒歩10分）／家族連れ

中野市街地から国道292号を上がって行くと、ヘアピンカーブの右手に駐車場が見えてくる。その奥に立つ案内看板「潤満滝」が目印だ。

駐車場のすぐ上には、復元された炭焼き窯と竹切小屋があり、その右手の小径を上がると展望台に着く。角間川《かくまがわ》右岸の高い崖上にあり、正面に潤満滝を望めるが、その距離は約700mもある。

当然、雨天時はガスがかかりやすく、条件が悪いと完全に見えなくなるので、やはり晴天時がお勧め。

志賀高原の最高峰・横手山から流れ出た角間川が、標高差100m以上もある熔岩台地から一気に流れ落ちるので、距離は遠いが、迫力は十分に伝わってくる。

展望台の石碑には、若山牧《ぼく》水《すい》が『草津から澁《しぶ》へ』の中で潤満滝について書き記した一節が紹介され、「水量とても貧しくないそれがいま太陽に向かって赤裸々に三百九十尺を落下してゐ《い》る姿は歩き労《つか》れた私の心に少なからぬ昂奮《こうふん》を覺《おぼ》えしめた」とある。

近くの志賀名水公園から林間の遊歩道が緩く下るようにのびており、ちょっとした散策と滝見をセットにするプランも可能だ。

展望台下の駐車場。約10台駐車可

志賀名水公園から続く遊歩道

DATA

◆交通アクセス

車：上信越自動車道信州中野ICから志賀中野道路、国道292号（志賀草津道路）経由で約21km。展望台入口に無料駐車場がある。電車・バス：JR・しなの鉄道長野駅から長野電鉄長野線に乗り換え、終点・湯田中駅で下車。奥志賀高原ホテル行きなどの長電バスで17分、潤満滝下車。潤満滝バス停は志賀名水公園付近にあり、展望台までは約10分。

◆問い合わせ

志賀高原観光協会☎0269-34-2404

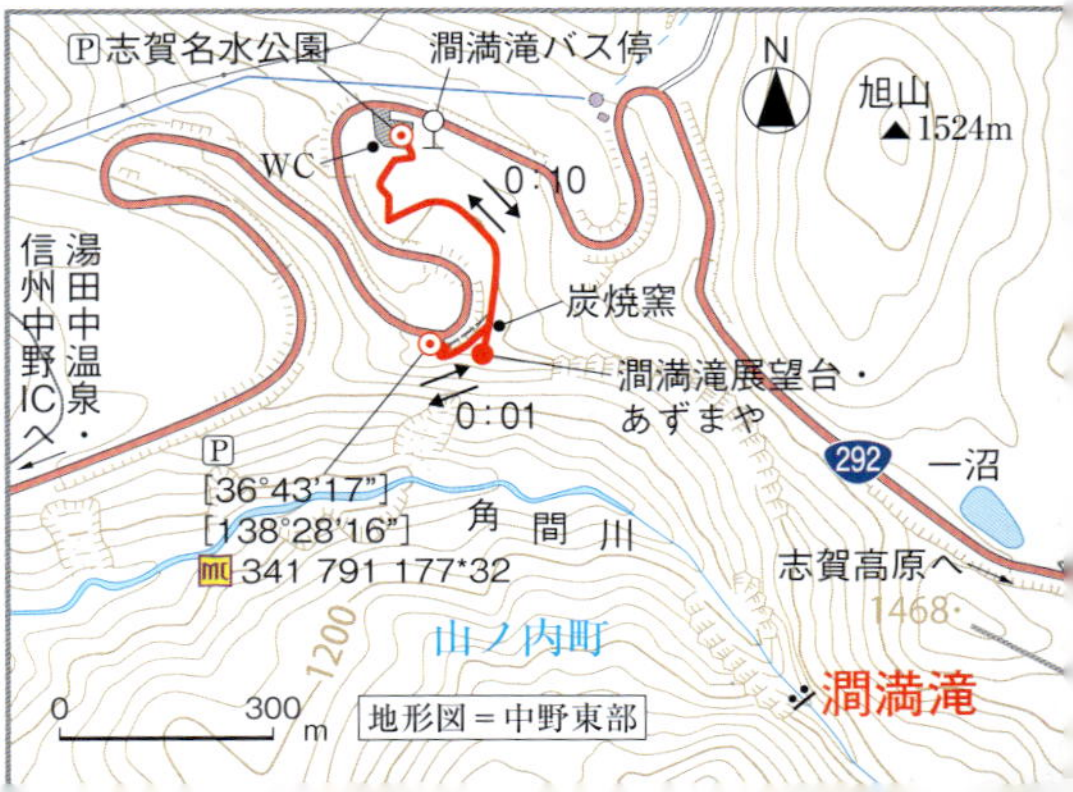

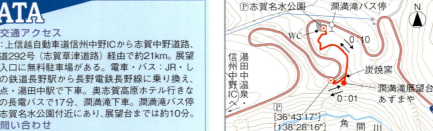

ズームレンズ210mmで拡大した潤満滝＝7月19日15時20分撮影

裏から見た雷滝。これほどユニークな滝見は、ほかではなかなか味わえない（8上）

レースのカーテンのように広がる

松川渓谷 雷滝

まつかわけいこく かみなりだき

高山村

標高1100m／落差30m／西南西／徒歩3分（往復8分）／家族連れ

観瀑台へ下る途中から見た雷滝。屋根のようにはみ出した岩盤から落水している（8上）

千曲川の支流・松川が刻む松川渓谷は、紅葉の名所として知られるが、この渓谷一番の見どころといえば、やはり高山村の名勝・雷滝だろう。

高山村中心部から志賀高原方面に向けて県道を東進。山田温泉と八滝《やたき》展望台を相次いで見送ると、ほどなく右手に雷滝の駐車場が見えてくる。5台分しかないが、少し離れたところに別の駐車場と駐車スペースも用意されている。

松川が、雷鳴のような轟音《ごうおん》を響かせながら落下するので雷滝といい、滝の裏側からも観瀑できるので裏見の滝という別名もある。

2004年、岩盤の浸食が進み、滝の裏側に続く遊歩道が通行できなくなる恐れが生じたため、対策工事が行われた。その結果、名前の由来となった「雷鳴のような轟音」は少し優しくなったともいわれる一方で、裏側から見る滝の水流は、白いレースのカーテン状に広がり、見栄えがよくなったようにも感じる。

裏側から見る雷滝こそ、この滝が持つ個性的な魅力ともいえ、訪問者が絶えないのも納得である。特に紅葉の休日には、駐車場は満車になり、駐車待ちの車が長い列を作るほどだ。

DATA

◆アドバイス

滝裏側では、上の岩盤から水滴が雨のように落ちてくるので、撮影時は傘があった方がよい。遊歩道は、11月下旬〜5月上旬に冬期閉鎖される。

◆交通アクセス

車：上信越自動車道須坂長野東ICから国道403号、県道経由で約19km。あるいは小布施スマートICも利用可能。観瀑者用駐車場（無料）がある。

◆問い合わせ

信州高山温泉郷観光協会☎026-242-1122

コースシミュレーション

❶観瀑者用無料駐車場。売店の「雷滝ごろごろ亭」が隣接

❷滝に続く遊歩道入口は、駐車場の奥にある。ここを下る

❸遊歩道に入ってすぐ下にトイレがある

❹滝に向けて遊歩道を進む。足元に注意！

❺雷滝が見えてきた。滝の裏側に遊歩道がのびている

❻終点の観瀑台と渓谷。滝は写真右手に懸かっている

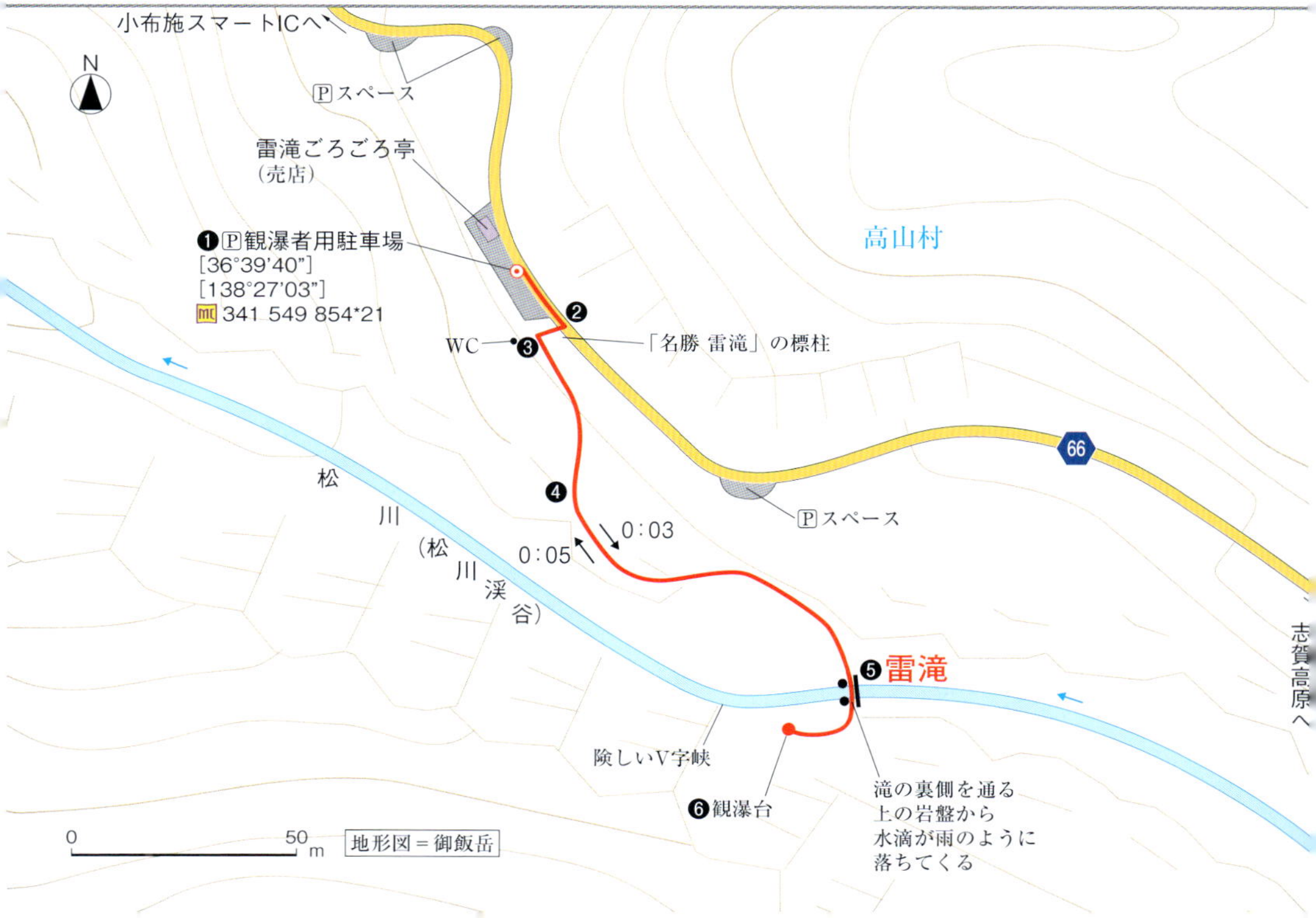

八段滝を400m先に遠望する

松川渓谷 八滝

まつかわけいこく やたき

高山村
標高1150m／落差180m／北北西／徒歩すぐ／家族連れ

松川渓谷では、雷滝《かみなりだき》に次ぐ見どころだが、松川本流ではなく支流に懸かる滝で、残念ながら展望台から遠望するしかない。

前項・雷滝と同様に高山村中心部から山田牧場や志賀高原方面に向けて車を走らせよう。雷滝の1㎞手前に八滝観瀑者用の駐車場と八滝もみじ亭（売店）が整備され、県道を挟んだ向かいにコンクリートと木材を組み合わせた八滝展望台が立っている。駐車場から展望台まではすぐ。

展望台に上がると、松川の対岸、距離にして約400m先の山肌に八滝が細い白線を描いているのが望める。

最上段は、繊細な模様を作りながらも長い水流となって落下し、その下部に複数の滝が段々状に続いている。計8段の段瀑なので、八滝と呼ばれるようになったそうだ。

合計落差は180mもあり、これは県内の滝では最大。つまり、かなり大きな規模の滝だが、いかんせん遠く、木々に少し隠れるように流れているので、迫力は今ひとつという印象である。

ただ、雷滝同様に秋には訪問者が多く、休日には駐車場が満車になり、車の列ができるほどの人気ぶりである。

展望台の対岸に一筋の白線を描く八滝（8上）。ズームレンズ78㎜で撮影

DATA

◆アドバイス
展望台から渓谷に向けて小径を10分ほどたどると、松川本流に懸かる「のこぎり滝」があるが、あまりよく見えない。

◆交通アクセス
車：上信越自動車道須坂長野ICから国道403号、県道経由で約18km。あるいは小布施スマートICも利用可能。入口に観瀑者用無料駐車場がある。

◆問い合わせ
信州高山温泉郷観光協会☎026-242-1122

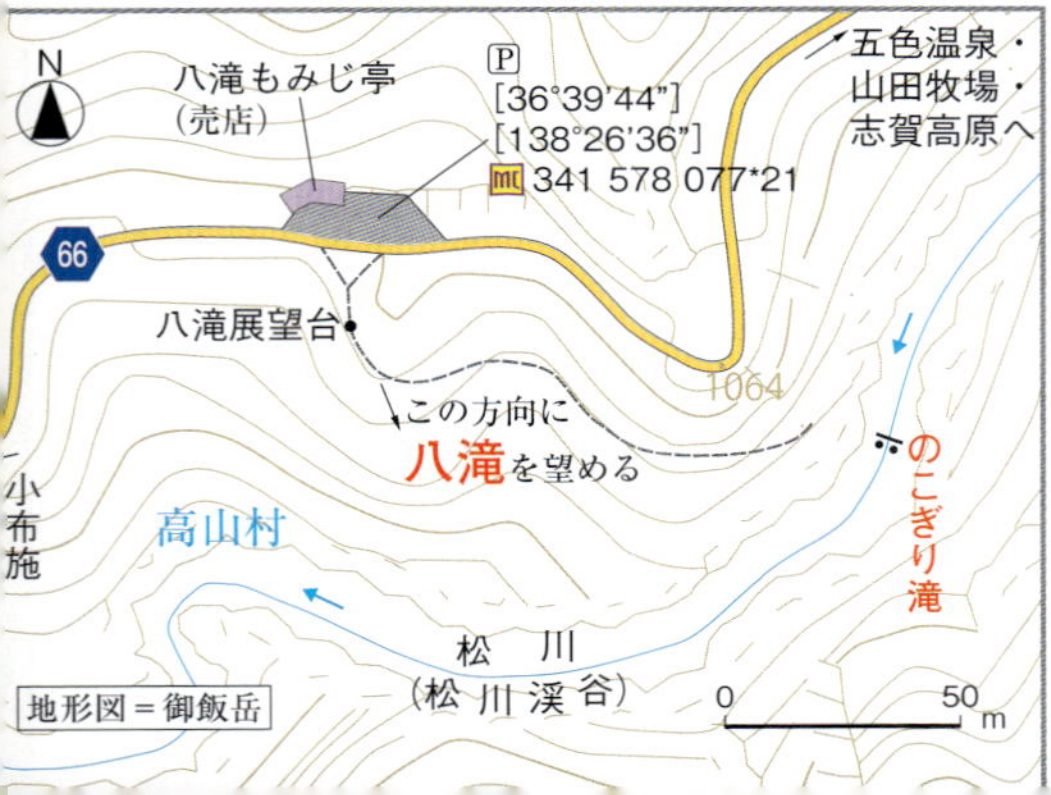

七味温泉の奥で落水する…

松川渓谷

七味大滝

まつかわけいこく しちみおおたき

高山村

標高1400m／落差20m／北／徒歩20分（往復35分）／家族連れ～一般

松川渓谷上流部、小洞沢《こほらさわ》に懸かる段瀑である。まず目指すは、七つの源泉が湧く七味温泉だが、松川渓谷には、八《や》滝《たき》（前項）と雷滝《かみなりだき》（P18）もあるので順に訪ねてもいい。

七味温泉前の十字路（バス停あり）から林道山田入線に進み、400mほどで虎杖《こじょう》橋を渡る。その先、二つ目のカーブ地点に滝遊歩道の入口がある。「七味大滝420m」という道標が目印（筆者取材時は指示板が外れていた）。

付近の駐車スペースに車を置いて歩き始めよう。道は明瞭で迷うことはないが、観瀑者がすごく多いわけでもなさそう…と想像させるような道で、「中間地点」の道標を見て、さらに斜面を登ると、前方に柵が付けられた観瀑台が見えてくる。

その観瀑台に立つと、目前に七味大滝が迎えてくれる。岩肌の複雑な形に翻弄《ほんろう》されながらも水流は一気に流れ落ちており、見応え十分だ。

ちなみに現場は、渓谷内の樹林下のためにGPSが機能せず、また国土地理院地図にも滝や遊歩道の記載がないため、位置関係を特定できなかった。掲載の地図は、推定したものなので、実際の位置とズレている可能性もある。

DATA

◆アドバイス

七味温泉の各宿では立ち寄り湯が可能。入浴料は500～600円。

◆交通アクセス

車：上信越自動車道須坂長野ICから国道403号、県道、林道山田入線（未舗装）経由で約23km。あるいは小布施スマートICも利用可能。遊歩道入口に駐車スペース、七味温泉に駐車場がある。

◆問い合わせ

信州高山温泉郷観光協会☎026-242-1122

七味大滝。落差は40m説や70m説もある。ズームレンズ38mmで撮影

ビューポイントから望む米子大瀑布。右が不動滝、左が権現滝。

米子川源流部に懸かる2条の雄瀑

四阿山中腹

米子大瀑布

日本の滝 百選

あずまやさんちゅうふく よなこだいばくふ

須坂市　不動滝＝標高1500m／落差85m／北北東／徒歩35分。権現滝＝標高1500m／落差 80m／北北東／徒歩1時間(一巡1時間35分）／一般

四阿《あずまや》火山は、今から約34万年前に大噴火を起こし、現在の根子《ね こ》岳、四阿山、浦倉山《うらくらやま》、奇妙山《きみょうさん》に囲まれた直径約3kmのカルデラを生んだ。その北側だけは、外輪山が途切れて板状節理《ばんじょうせつり》と柱状節理《ちゅうじょうせつり》の断崖となり、米子大瀑布と総称される不動滝と権現滝が一直線に水を落としている。

日本の滝百選にも選定され、長野県を代表する名瀑といっても過言ではないが、秋は人出が多く、渋滞対策のために2008年からはマイカー規制が実施されている。

10月中旬〜下旬の土・日曜は、林道米子不動線の通行は規制され、山麓の「湯《ゆ》っ蔵《くら》んど」駐車場に車を置き、有料シャトルバスに乗り換える（詳しくは行政サイト参照）。

規制日以外は、林道終点の駐車場まで乗り入れられるが、10月は平日でもかなり混雑し、1時間30分〜2時間もの駐車待ちになる。

一巡コースは、休憩時間も含めれば2時間くらい要する。足回りは、トレッキングシューズか登山靴がお勧めだ。

米子大瀑布の間に立つのが日本三大不動に数えられる米子不動尊瀧山不動寺の奥之院だ。6月14日の「お山登り」には、不動明王の御分身が白装束の行者に背負われて本坊から奥之院に上がり、9月14日の「お山降り」には本坊に戻られる祭事が行われる。

奥之院から、まず不動滝へ。滝壺のすぐ手前まで行けるので迫力満点。一方、権現滝は滝壺まで行けないが、その先にあるビューポイントから屛風の如《ごと》く屹立《きつりつ》する岩壁に懸かる2条の雄瀑をパノラマのように一望できる。

つづら折りの山道を下れば、ほどなく起点の駐車場だ。

コースシミュレーション

❶遊歩道入口。案内板をチェックしてからスタート

❷熊野権現橋を渡った先にある分岐。ここは直進

❸米子不動尊瀧山不動寺奥之院に到着。この右手に進む

❹不動滝直下の観瀑ポイント。迫力ある景観を楽しもう

❺権現橋と大黒橋（写真）を渡れば、じきに広い道に出る

❻米子大瀑布ビューポイント。二つの名瀑を同時に観瀑

DATA

◆アドバイス

混雑する紅葉シーズンよりも人出が少ない新緑や夏山シーズンの方が落ち着いて散策できるが、11月上旬〜5月中旬は冬期閉鎖される。

◆交通アクセス

車：上信越自動車道須坂長野東ICから県道、市道、林道米子不動線（全線舗装）経由で約19km。林道終点に無料駐車場がある。

◆問い合わせ

須坂市観光協会☎026-215-2225

林道終点の無料駐車場

広重の浮世絵に描かれた山にある

鏡台山麓　三滝

きょうだいさんろく　みたき

千曲市　標高590〜625m／合計落差20m／北西／一の滝＝徒歩すぐ。三の滝＝徒歩8分（往復13分）／家族連れ

　歌川広重が、浮世絵の連作『六十余州名所図会《ろくじゅうよしゅうめいしょずえ》』の一枚として描いた『信濃更科《さらしな》田《た》毎《ごと》月鏡台山』では、鏡台山から昇る月と、小さな水田一枚一枚に月が映る「田毎の月」が配され、この絵によって鏡台山の名は広く知られることになったという。

　その鏡台山から流れ出た三滝川が、山麓で三の滝、二の滝、一の滝という段瀑となって下るのが、三滝である。

　更埴ＩＣから鏡台山に向かってのびる県道３９２号の終点にあるので、アクセスは至ってわかりやすい。

　三つの滝を結ぶ遊歩道入口に駐車スペースがあり、そのすぐ目の前が最下流の一の滝。遊歩道を上がって二の滝と三の滝にも足をのばそう。10分もあれば十分だ。

　いずれの滝も黒い岩盤と白い流身のコントラストが見事。三つの滝で3段の滝を構成しているようにも思えるが、実は最上流の三の滝自体も3段の滝である。全体をまとめて望めないのは残念だが、一つ一つの滝が「絵になる滝」といえる。

　三の滝から小径を登り、周回コースで入口に戻ることも可能だ。帰路、近くの樽滝（Ｐ１７４）にも立ち寄ろう。

一の滝（右）と三の滝（上）。山麓の雨宮坐日吉神社（あめのみやにいますひえじんじゃ）には、国の重要無形民俗文化財指定の「雨宮の御神事」が伝わるが、その昔、神事に参加する者は、一の滝で身を清めたという

DATA

◆コース概略

入口から三の滝までは、距離は短いが、斜面に続く山道。一の滝と三の滝の前には橋がある。

◆交通アクセス

車：長野自動車道更埴ICから国道18号、県道、市道経由で約8km。入口に駐車スペースがある。

◆問い合わせ

信州千曲観光局☎026-261-0300

千曲市観光交流課☎026-275-1753

二の滝。岩盤が黒いので、流れがより一層引き立つ（7上）

緋色の糸を紡ぐ女性の伝説に由来

峰の原高原 緋の滝

みねのはらこうげん ひのたき

須坂市

標高1300m／落差30m／西北西／徒歩15分（往復35分）／家族連れ

四阿山《あずまやさん》の西側にある峰の原高原に発する千曲川の支流・鮎川上流に懸かる滝である。

昔、仁礼《にれい》の若者が、この滝の上で緋《ひ》色の糸を紡ぐ美しい女性を見た。それは亡くなった母に似ていたが、化け狐と思い込んだ猟師が銃で撃ってしまった。すると女性の姿は消え、滝には緋色の糸がとめどもなく流れていた――。

滝の名前は、そんな伝説に因《ちな》み、かつては獣道しかなく、一時は「幻の滝」ともいわれていたが、峰の原高原のペンションオーナーたちが、遊歩道を整備して、今では容易に訪瀑できるようになった。

須坂市街地から国道４０６号を南下。峰の原高原に続く市道に入り、１kmほど先の三差路を左折すれば、やがて滝の入口に着く。案内板が目印だが、少しわかりにくい。

駐車スペースに車を置いて、滝に下るカラマツコースへ。コロボックルが彫り込まれた石が立つ分岐を過ぎると、つづら折りの道を谷に向けて下るようになり、ほどなく緋の滝が現れる。

目の前に見える滝は、どう見ても小規模だが、実はさらに奥に続いており、滝壺の前に立つだけでは、その全貌はまったく確認できない。

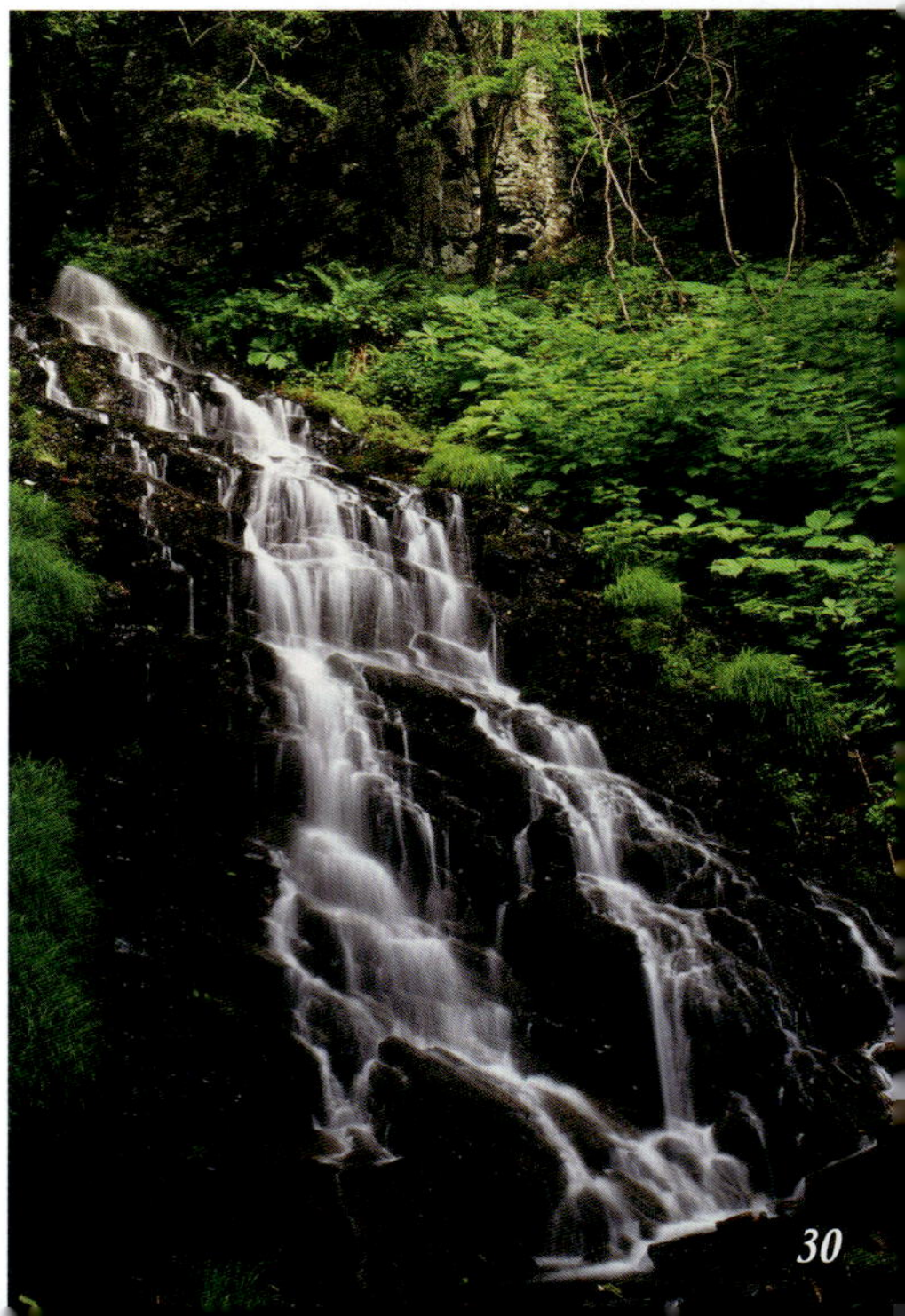

繊細な水流が美しい緋の滝。岩肌が黒いので流れが際立つ（7上）

DATA

◆コース概略

往路はカラマツコース、復路はミズナラコースを歩くといい。後者は道路の少し西側に出る。

◆交通アクセス

車：上信越自動車道須坂長野東ICから県道、国道406号、市道経由で約20km。滝の入口に駐車スペースがある。

◆問い合わせ

峰の原高原観光協会☎090-4949-3080
須坂市観光協会☎026-215-2225

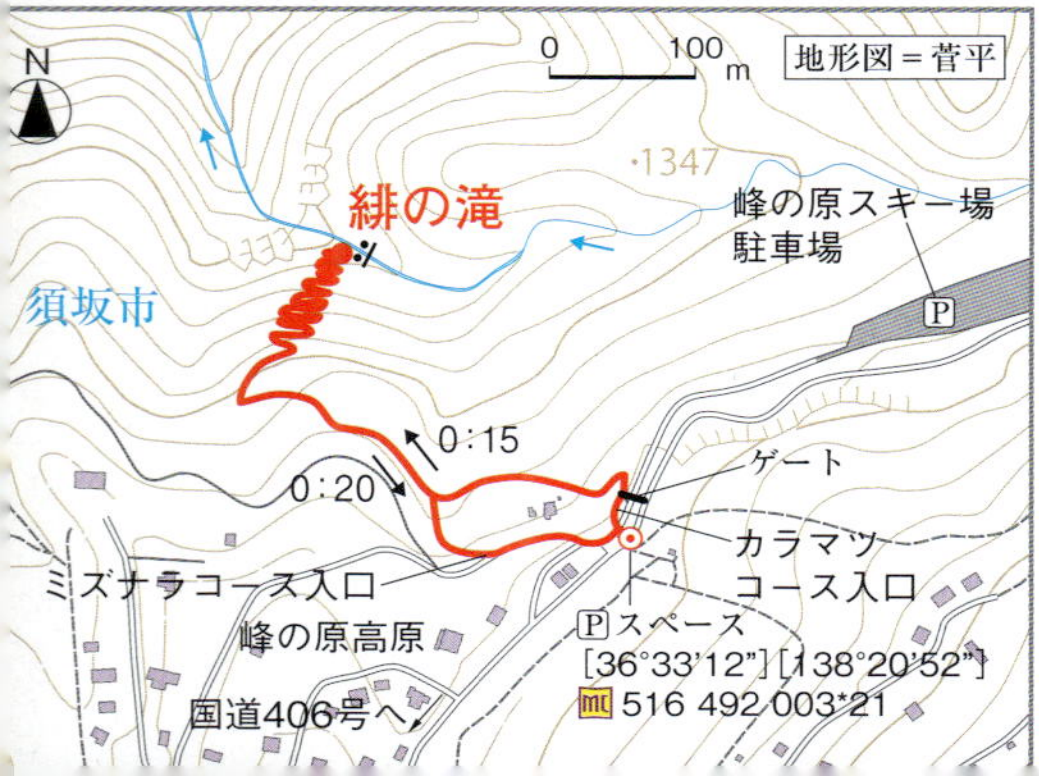

山姥伝説の山に白水を描く

虫倉山中腹 不動滝

むしくらやまちゅうふく ふどうだき

長野市

標高1010m／落差19m／南西／徒歩1分／家族連れ

長野市（旧・中条村）の虫倉山といえば、山姥《やまんば》伝説で知られる。山姥といえば、旅人を喰《く》ってしまう恐ろしい妖怪というイメージだが、虫倉山の山姥はそうではないらしい。

昔、男の子は丸坊主にして、後の毛を残してのばしていた。これを「ととの毛」といい、川でおぼれそうになった時などに山姥が、この「ととの毛」をひょいとつかんで拾い上げてくれたそうだ。名前は怖そうでも、子供が大好きな優しい神様らしい。

そんな山姥ゆかりの虫倉山には、今では複数の登山コースがのびているが、そのうちの一つが不動滝コースだ。この登山口こそ、不動滝が水を落とす場所である。

虫倉山の南側にぐねぐねと続く県道401号から「虫倉山登山道入口　不動滝コース」と書かれた大きな案内看板に従って、山の方に続く道へ。狭い舗装道路だが、県道から1・8㎞ほどで、車窓に滝が見えてくる。滝の前には、「名勝　不動滝」と書かれた看板も立っている。

奥に登山者用の駐車場があるので、車はここに置こう。徒歩で少し戻り、道路から滝見をしたい。寒沢川に懸かる二段滝で、なかなか迫力がある。

名前の通り、この滝にも不動明王が祀られている＝7月9日12時25分撮影

DATA

◆アドバイス

近くの長野市上ヶ屋地区には「隠れ滝」という落差30mの滝がある。目標は虫倉山の東北東12km付近。県道453号に入口がある。

◆交通アクセス

車：上信越自動車道長野ICから県道、国道19号、県道経由で約28km。すぐ奥に登山者用駐車場がある。

◆問い合わせ

長野市中条支所☎026-268-3001

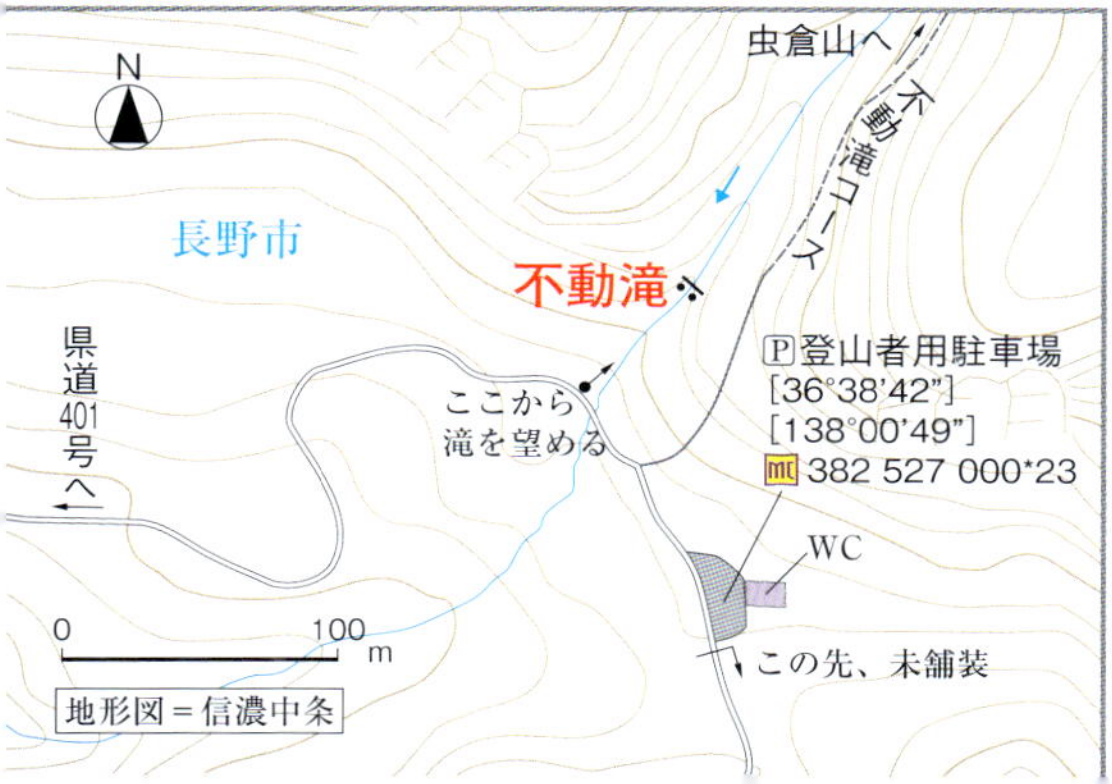

浅間火山の熔岩から水を落とす

浅間山麓 千ヶ滝

あさまさんろく せんがたき

軽井沢町

標高1170m／落差20m／南東／徒歩25分（往復45分）／家族連れ

浅間山の南東側中腹、湯川の支流・千ヶ滝沢に懸かる滝。軽井沢町には、よく知られた白糸の滝（次項）や竜返しの滝（P36）などもあるが、千ヶ滝は落差比較で町内最大である。ただ、訪問者は少なく、白糸の滝と比べれば、静かな滝見が可能だ。

バス利用でもアクセスは可能だが、車だと遊歩道入口まで乗り入れられる。中軽井沢駅前の中軽井沢交差点から国道146号へ入り、その2・4㎞先の交差点を左折する。500m先の「千ヶ滝駐車場1・5㎞」の案内に従って右折すれば、あとは道なりだ。終点の千ヶ滝駐車場に車を置いて「千ヶ滝せせらぎの道」を歩き始めよう。

最初に「せせらぎ橋」を渡り、渓流沿いの小径を上がって行く。時に桟道を通り、橋を渡ることもあるが、総じて緩やかで、歩きやすい。

ゴーという水音が聞こえてくれば、もう滝は間近。浅間火山から流れ出た熔岩断崖に懸かる直瀑＋分岐瀑で、豪快に一直線に落ちたあとは、重なり合った岩の間に細かく分かれて左右に広がり、まったく違う表情を見せてくれる。この二面性が、千ヶ滝のおもしろいところといえる。

観瀑者用の千ヶ滝駐車場（10中）

6月中旬、遊歩道沿いにズミが咲く

DATA

◆交通アクセス

車：上信越自動車道佐久ICから県道、国道18、146号、町道経由で約19km。遊歩道入口に観瀑者用の千ヶ滝駐車場（無料）がある。電車・バス：JR北陸新幹線・しなの鉄道軽井沢駅から西武高原バスで13分、千ヶ滝温泉下車。駐車場まで車道を歩いて徒歩30分。

◆問い合わせ

軽井沢観光協会（軽井沢観光会館）☎0267-42-5538

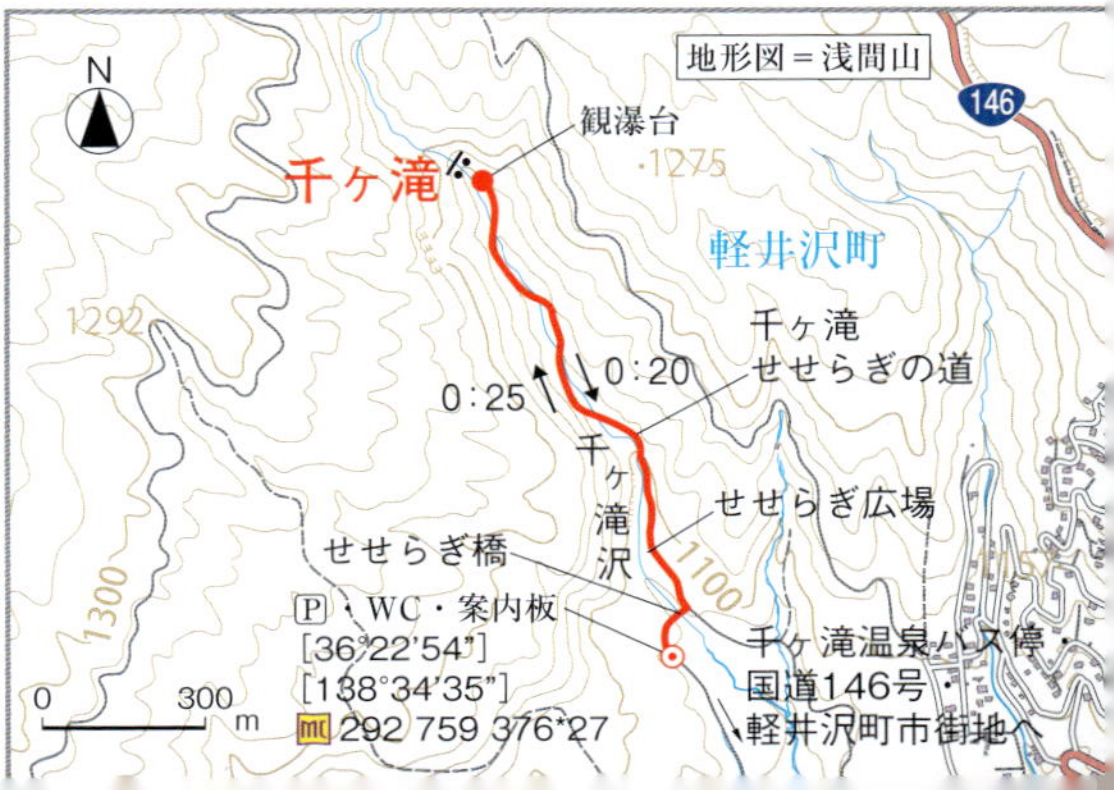

下半分の堆積した岩に水流が広がるところも美しい（6中）

水流が簾のような帯を作る

軽井沢高原
白糸の滝

かるいざわこうげん しらいとのたき

軽井沢町
標高1270m／落差3m（幅70m）／南～南東～東／徒歩3分／家族連れ

滝の名前に不動滝が多いことは本書コラム（Ｐ１６７）で書いたが、白糸の滝もそれに準じるくらい多い。日本の滝百選でも、山形県戸沢村と静岡県富士宮市の白糸の滝が二つも入っている。水流が、簾《すだれ》状になれば、誰しもそれを白糸に見立てるからだろう。

本瀑は、日本の滝百選には入っていないが、崖の途中から地下水が湧き出す珍しい潜《せん》流瀑《りゅうばく》ということに加えて、幅70ｍに渡り、まさに白糸のような水流が弧を描く優雅さは実に見事だ。おそらく観瀑者数という視点で見れば、県内の滝ではトップクラスなのは間違いないだろう。

その一方、ある意味不思議な滝でもある。滝の前の広場が人工的に整地されているのは間違いないが、滝壺は、比較的均一な水深で広がり、まるで庭園の池のようにしか見えない。池底に偶然真っ平らな岩盤があるとは思えないし、土砂が堆積しているのであれば、通常は水の動きに伴って流出する。

自然景観としては珍しい…と思ったら、池の流出口に堰《せき》が設けてあった。これにより一定の水深が維持され美観が保たれるというわけだ。

湯川支流の源流にあたり、白糸ハイランドウェイの途中に入口と売店、トイレがあり、そこから遊歩道をたどると、滝の前に出る。

観光客で賑わう滝の前の広場（7上）

幾千もの白糸を垂らしたような白糸の滝と、一定の水深を保つ滝壺（5中）

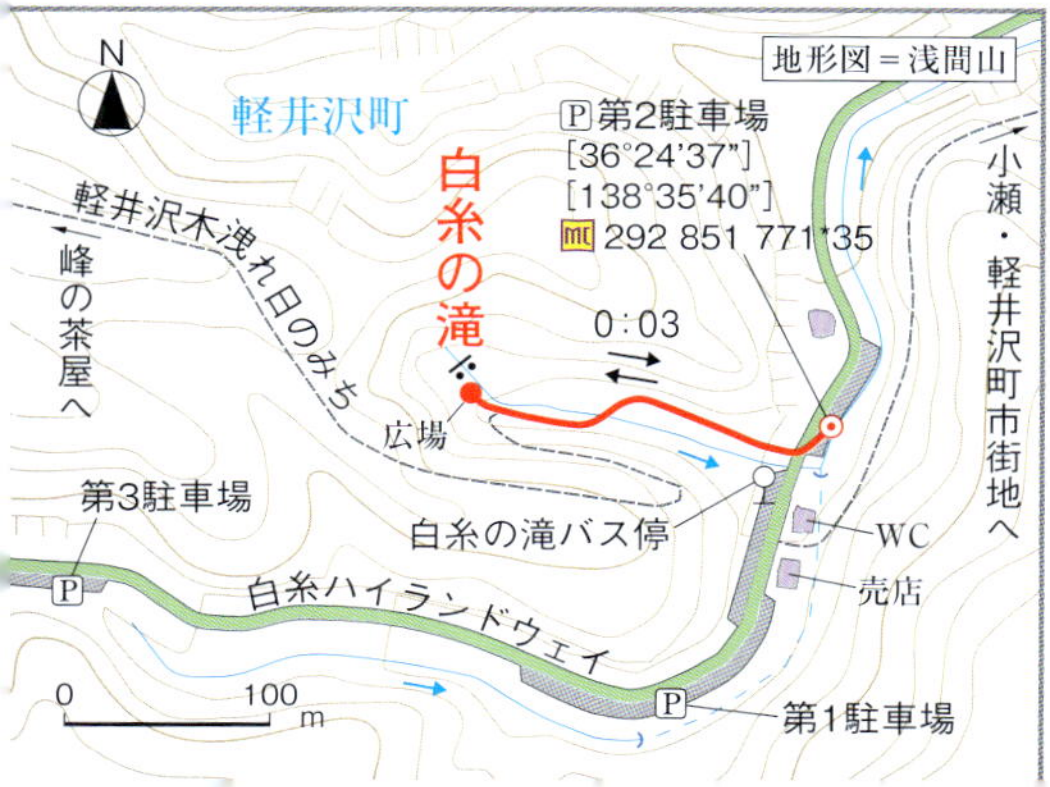

DATA

◆交通アクセス

車：上信越自動車道碓氷軽井沢ICから県道、国道18号、県道、町道、白糸ハイランドウェイ（有料）経由で約21km。入口に無料駐車場がある。

電車・バス：JR北陸新幹線・しなの鉄道軽井沢駅から草津温泉行き草軽交通バスで23分、白糸の滝下車。

◆問い合わせ

軽井沢観光協会（軽井沢観光会館）☎0267-42-5538

大蛇が滝にのみ込まれた…

軽井沢高原

竜返しの滝

かるいざわこうげん りゅうがえしのたき

軽井沢町

標高1110m／落差10m／西南西／徒歩15分／家族連れ

前項・白糸の滝の下流に懸かるのが、竜返しの滝だ。もともとは「すずが滝」という名称だったが、明治の頃、ここで竜のような大蛇が、滝の水流にひっくり返され、のみ込まれるのを猟師が目撃。以来、竜返しの滝と呼ぶようになったという。

軽井沢駅前ら旧軽井沢を抜けて白糸ハイランドウェイに向かう。その小瀬料金所を過ぎて80m進むと「アンシェントホテル浅間軽井沢」の看板があり、ハイランドウェイとの間に細い道路がのびている。この道に入ったところに観瀑者用駐車場が用意されている。

車を停めて、広い遊歩道を奥に進もう。やがて橋を渡って右に入ると、ほどなく滝に到着する。両岸から斜めにせり上がる岩壁の奥に白い柱のように水を落としている。

霧が立ちこめた夏の朝には、木立の間から太陽光線が斜めに差し込んできて、幻想的に見えることもある。

なお、峰の茶屋の駐車場に車を置き、湯川沿いに続く「軽井沢木洩れ日のみち」を歩いて、白糸の滝と竜返しの滝を併せて訪問。最後に小瀬《こせ》温泉から草津温泉行きのバスで峰の茶屋に戻るプランもお勧めだ。所要2時間45分。

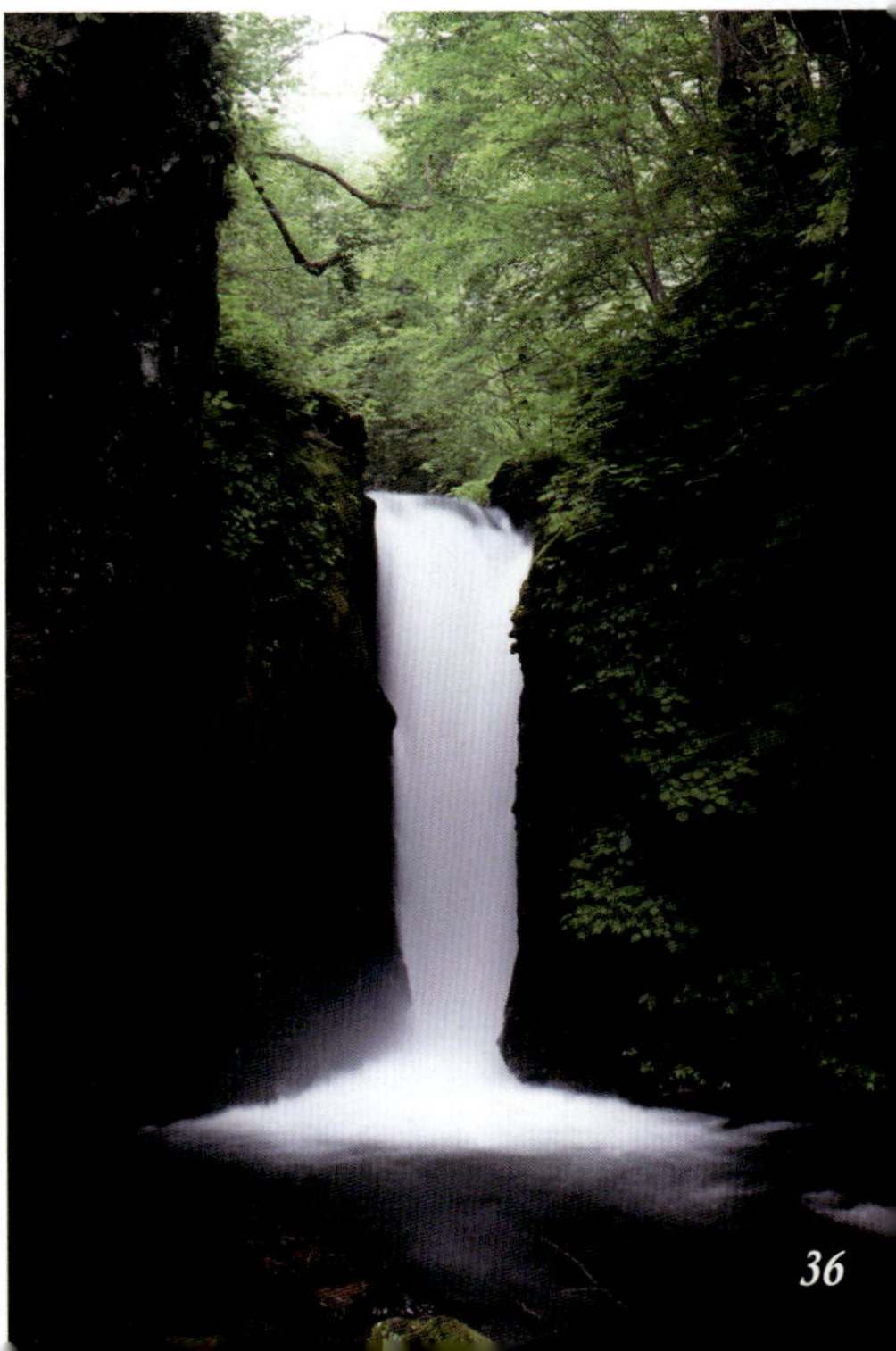

左右からせり上がる岩の隙間に白水を立てる竜返しの滝（7上）

DATA

◆交通アクセス

車：上信越自動車道碓氷軽井沢ICから県道、国道18号、県道、町道、白糸ハイランドウェイ（有料）経由で約17km。小瀬温泉の遊歩道入口に観瀑者用駐車場（無料）がある。電車・バス：JR北陸新幹線・しなの鉄道軽井沢駅から草津温泉行き草軽交通バスで16分、小瀬温泉下車。

◆問い合わせ

軽井沢観光協会（軽井沢観光会館）☎0267-42-5538

Column

滝関連用語集

◆五十音順

右岸《うがん》・左岸《さがん》
沢や川の上流から見た時に右側の岸を右岸、左側の岸を左岸という。

渓流瀑《けいりゅうばく》
緩やかに傾斜した岩盤上を流れる滝のこと。滝の規模は、落差ではなく全長で表す。滑滝も渓流瀑と同義。

潜流瀑《せんりゅうばく》
崖から湧き出す地下水による滝。全国的にあまり多くない。

滝行《たきぎょう》
滝に打たれる修行のこと。白装束を身にまとい、心身を清める。

滝口《たきぐち》
水流が落ち始める地点のこと。

滝壺《たきつぼ》
滝の落下地点で、壺状にえぐれている場所。

段瀑《だんばく》
2段や3段のような階段状に落ちる滝のこと。その一部が分岐瀑になっていることもよくある。

直瀑《ちょくばく》
断崖からそのまま一直線に落下する滝。

滑《なめ》・滑滝《なめたき》
緩やかな岩肌に広がるように水が流れている場所。→渓流瀑。

日本《にほん》の滝百選《たきひゃくせん》
1990年に環境庁(当時)と林野庁が後援し、一般応募の中から選定された日本を代表する100の名瀑のこと。

瀑布《ばくふ》
水流が白い布のようになって、そのまま落ちる滝のこと。

ヒョングリ滝
水流が跳ね返る「跳ね滝」のこと。

分岐瀑《ぶんきばく》
水流が枝分かれして、広がるように落ちる滝のこと。

落差《らくさ》
滝の高さのことで、滝の規模を知る指標のひとつになる。ただし傾斜が緩やかな滝だと、規模を全長で示すことが多い。

流身《りゅうしん》
滝口から滝壺に至る水の流れのこと。つまり滝そのもの。

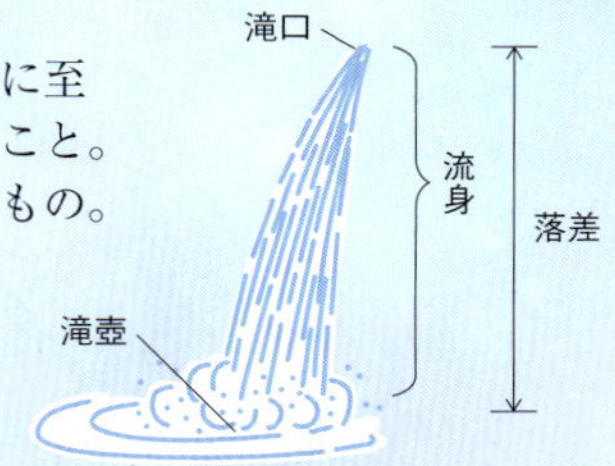

渓流瀑(福島・新潟県／平滑の滝)

段瀑(広島県／三段滝)

分岐瀑(青森県／くろくまの滝)

浅間山の登山道沿いにある

浅間山中腹 不動滝

あさまやまちゅうふく ふどうだき

小諸市／御代田町

標高1650m／落差12m／西／徒歩1時間（往復1時間45分）／一般

浅間山南麓のいで湯、天狗温泉・浅間山荘から湯の平高原を経由して浅間山に至る登山道沿いにあるので、登山スタイルで臨みたい。

浅間山荘の有料駐車場に車を置く。山荘は通常朝7時から開いているので、駐車料金は先に払うが、早朝であれば下山後でもよい。支払い時に車のナンバーも伝えること。

山荘に向かって右手奥から登山道に入ると、しばらくは林道状の広い道だが、じきに登山道となり、40分ほどで一ノ鳥居に到着。ここでコースは二手に分かれ、左は直接二ノ鳥居に向かい、右は不動滝を経由する。大差はないが、右コースを選ぼう。

やがて目的地の不動滝だ。湯の平高原に発する蛇堀川の上流に位置し、上部の岩の凹凸で何度か跳ね返り、最後に左右に広がるように落下している。涼しげな姿が、登山の汗を忘れさせてくれる。

帰路は往路を戻るが、すぐ上の二ノ鳥居を経由して、もう一方のコースで下山してもいい。所要時間はほぼ同じだ。

最後に天狗温泉・浅間山荘で立ち寄り湯するのも一興。源泉は透明だが、空気に触れて鉄分が酸化するため、湯船では赤褐色を呈する。

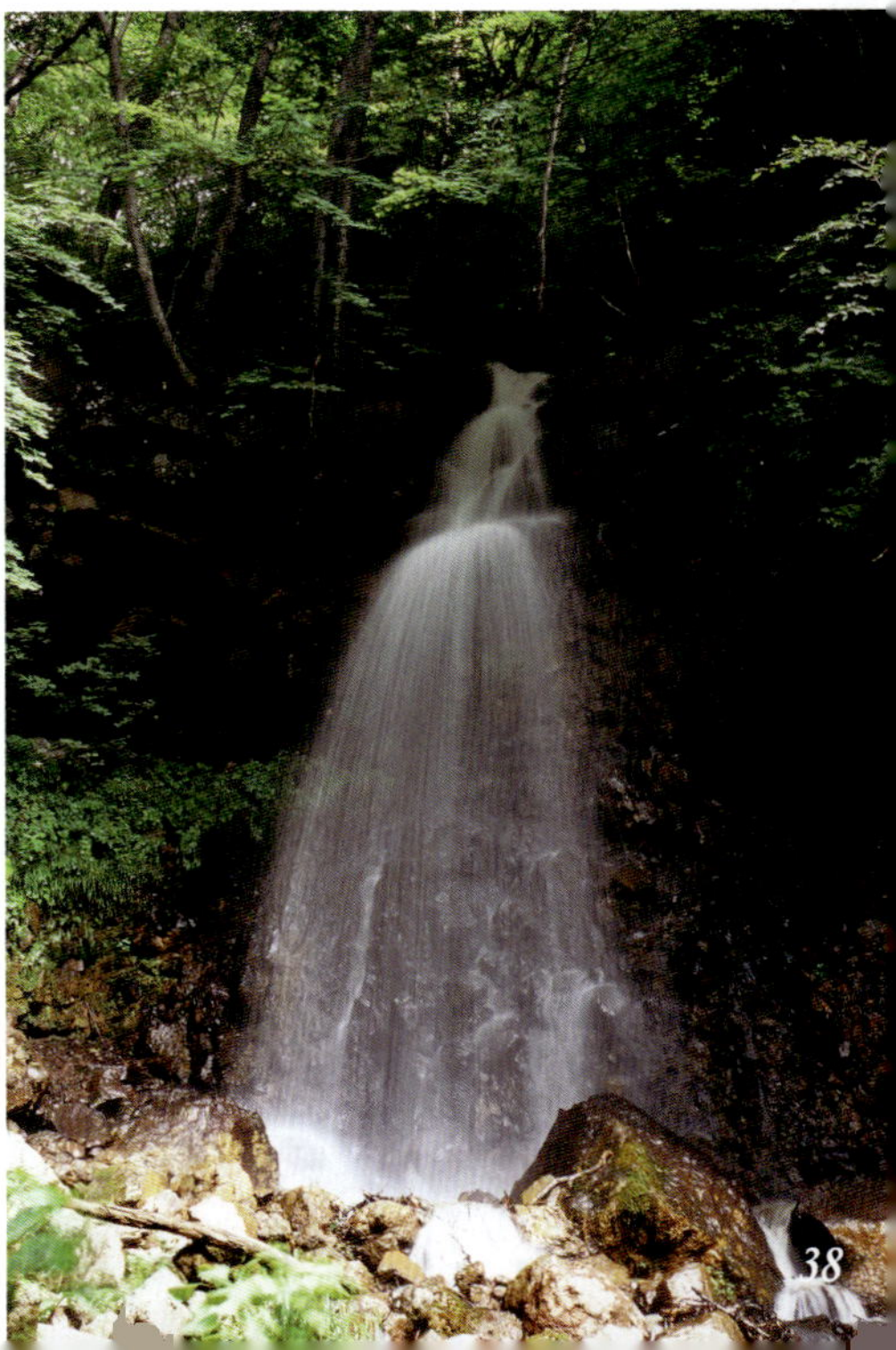

昔から行者が滝行をしていた不動滝。すぐ上には大日滝もある（8上）

DATA

◆アドバイス

さらに登山道を1時間ちょっと登ると、湯の平高原に出る。浅間山の火口原にあたり、荒涼とした独特の景観が印象的だ。

◆交通アクセス

車：上信越自動車道小諸ICから県道、浅間サンライン、チェリーパークライン、未舗装道経由で約14km。天狗温泉浅間山荘に有料駐車場がある。

◆問い合わせ

小諸市観光協会☎0267-22-1234

苔の道をたどって滝を訪ねる

美ヶ原高原 焼山滝

うつくしがはらこうげん やけやまたき

上田市

雄滝＝標高1530m／落差20m。雄滝＝北北西／徒歩1時間20分（往復2時間30分）／一般

美ヶ原高原の焼山沢コースといえば、通好みの登山道として知られるが、このコースで焼山沢を詰めたところに懸かるのが焼山滝だ。不動滝や飛竜の滝という別名もある。

上田市街地から武石《たけし》峠へ上がる手前、県道62号沿いの「焼山登山口」が起点。付近のほか、少し先の県道路肩にも駐車スペースがある。

最初は、幅の広い道が続くが、やがて完全な登山道になる。鮮やかな苔《こけ》の緑に気をよくし、分岐から徒歩3分ほどの場所に立つ推定樹齢約400年のイチイ古木「トガの親木」の大きさに感心したりしているうちに、あっさり焼山滝に着く。

左に雄滝。右上に雌滝が水を落としている。特に雄滝は水量豊富な2段になった段瀑・分岐瀑で、苔むす岩の上を白い水流が何本も流れ抜ける姿が印象的である。スローシャッターで撮影すれば、実にいい表情を見せてくれる。一方、雌滝は水量が少なくて、やや地味だが、繊細な水流が味わい深い。

登山道は、この先も続き、滝から1時間20分ほどで、高原台地上の牧場の一角に飛び出す。余裕があれば、王ヶ頭《おうがとう》までピストンしてもいい。

焼山滝・雄滝。この右手に雌滝が水を落としている（8下）

DATA

◆アドバイス
近くの武石川が作る巣栗渓谷とお仙ヶ淵にも遊歩道があり、滝を見ることができる。

◆交通アクセス
車：上信越自動車道上田菅平ICから国道144、18、152号、県道経由で約30km。登山口付近に駐車スペースがある。

◆問い合わせ
上田市武石地域自治センター地域振興課
☎0268-85-2824

縄文人も滝を観賞していた?

菅平高原

唐沢の滝

すがだいらこうげん からさわのたき

上田市

標高1230m／落差10m／南南東／徒歩2分／家族連れ

根子《ねこ》岳に降り注いだ雨を集めた唐沢は、菅平高原を通り抜け、大洞《おおぼら》川に注ぎ込む手前で唐沢の滝となって岩壁から流れ落ちる。

上田市街地から国道４０６号で菅平高原へ。菅平湖を過ぎ、菅平浄化センターの看板を見たら、その１km先あたり。国道からも右手奥に見えるので、すぐにわかる。

滝の案内看板に誘導されて、小径に入ると2分ほどで滝の前に達する。至って訪れやすい割に見応えも十分。流身に幅があり、水流も適度に濃淡があるので、季節を問わず絵になるのもうれしい。

昭和37～38年の発掘調査で滝左岸の林内から縄文後期～古墳時代の遺跡が見つかっており、当時の人々もこの滝を見ながら生活していたのだろうか、と想像すると楽しい。

手前の大明神沢には、落差15mの二重滝がある。ただ筆者取材時は、滝に続く道が草に覆われ気味だった。

案内看板が立つ滝の入口

滝入口の国道路肩にある駐車帯

縄文時代の唐沢の滝は、現在とどれほど違う姿をしていたのだろうか？（7上）

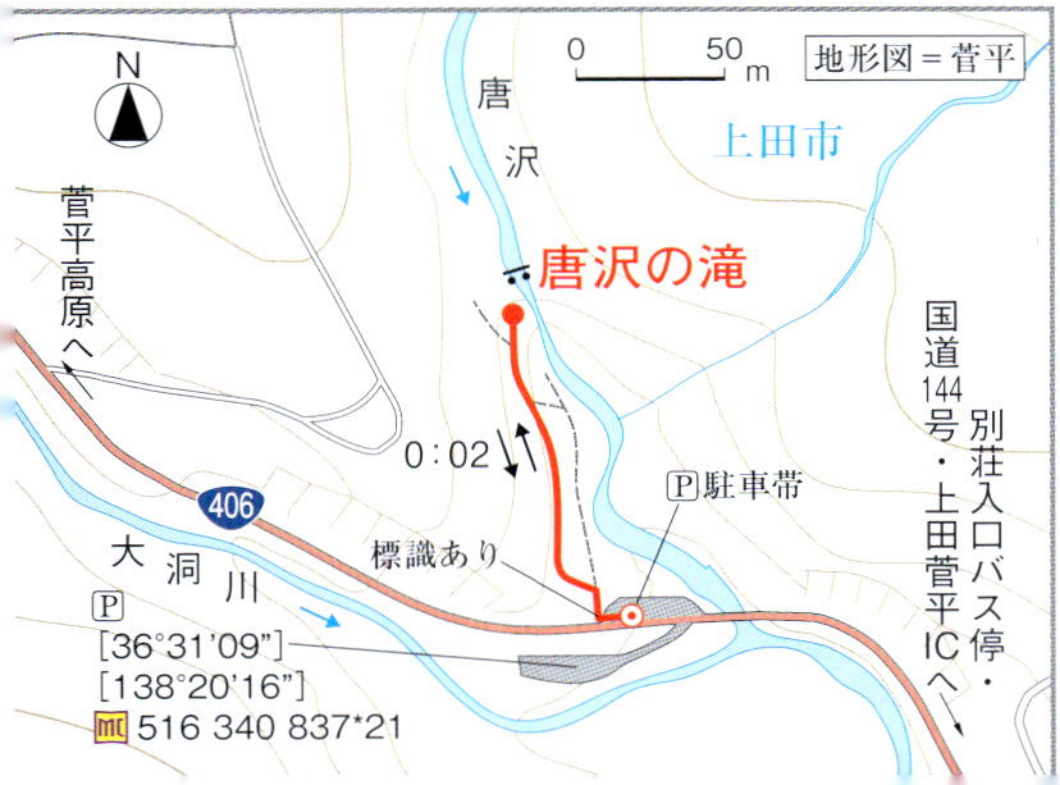

DATA

◆交通アクセス

車：上信越自動車道上田菅平ICから国道144、406号経由で約18km。遊歩道入口に駐車帯。国道向かいに駐車スペースがある。電車・バス：JR北陸新幹線・しなの鉄道軽井沢駅から菅平高原行き上田バスで43分、別荘入口下車。徒歩5分。

◆問い合わせ

上田市真田地域自治センター産業観光課

☎0268-72-2204

その昔、乙女が身を清めていた…

古谷渓谷

乙女の滝

こやけいこく おとめのたき

佐久穂町

標高1060m／落差10m／西北西／徒歩6分／家族連れ

十石《じっこく》峠直下に源を発する抜《ぬく》井《い》川は、中生代の地層からなり、鉱物資源が豊富な古谷渓谷を形成。その一角にあるのが乙女の滝だ。

佐久穂町市街地から国道299号で群馬県との県境・十石峠に向かう。古谷ダムの約2・5㎞先に石堂《いしどう》駐車場があり、ここが滝の入口。

遊歩道を下ると、すぐに木橋で渓谷の右岸へ移る。丸太の階段を上り、渓谷斜面をトラバース。滝までは、わずか5～6分だ。

観瀑台のほかに滝の前にも立派な橋が架けられ、少し角度を変えて滝を観賞できるのはありがたい。

巨岩の左右から、二筋の水流が落ちているが、その奥にも滝があり、二段滝ということがわかる。落差10mは、この合計落差というわけだ。

左岸斜面に付けられたジグザクの遊歩道は、すぐ上の国道に続いており、帰路に国道経由で駐車場に戻らないにしても、少し上がると、また別の角度で滝を望める。

その昔、近くに住む乙女が、この滝で身を清め、髪を洗っていたところ、若い猟師に見初められ、やがて結ばれた…と伝わることから、乙女の滝と呼ばれるようになった。

石堂駐車場。大きな案内看板あり

滝の前は立派な橋が架かっている

DATA

◆コース概略

遊歩道は、よく整備されて歩きやすいが、途中、緩い上り階段がしばらく続く。

◆交通アクセス

車：中部横断自動車道佐久南ICから国道142、141、299号経由で約24km。入口に観瀑者用の石堂駐車場（無料）がある。

◆問い合わせ

佐久穂町観光協会☎0267-88-3956

43 滝を覆う緑も爽やか。写真には写っていないが、この奥にもう1段ある（7上）

冬には巨大氷柱に変身する

三滝

さんたき

北相木村

大禅の滝＝標高1395m／落差30m／南南東／徒歩15分（一巡35分）／家族連れ

北相木村の三滝は、相木川の支流・深沢川の源流部に懸かる三つの滝、すなわち大禅《だいぜん》の滝、小禅《こぜん》の滝、浅間《せんげ》の滝の総称である。

北相木村役場を過ぎた4kmほど先で、「三滝入口」の大きな案内看板を目印に左折。終点には広い駐車場とトイレがあり、ここからよく整備された遊歩道を進む。三滝橋を渡り、分岐を左にとって、まず大禅の滝へ。

垂直に切り立った岩壁にシャワーのような水を落とし、周囲は深山幽谷の趣である。古くは修験者の行場だったというのも頷《うなず》ける。

この奥には、浅間の滝もあるが、普段は、ほとんど水が流れておらず、観瀑対象として一般的ではない。無理せず、これは省略して、続けて小禅の滝に向かおう。落差10mほどの小さな滝だが、付近の巨岩や岩壁も見どころ。

どちらの滝も、やや地味な印象だが、厳冬期には圧巻の氷瀑に大変身。特に大禅の滝は、高さ30mの円すい形に立ち上がり、青白い氷柱の表面は、松かさ状に凍り付く。

夏の姿を知っていれば、同じ滝とは思えないほど。1〜2月は、この氷の造形を目当てに多くの人が訪れる。

小禅の滝も夏は地味だ（7上）

一部、長い階段が続くが、森の冷気が心地よい

7月上旬撮影の大禅の滝（左）と、巨大氷柱に変身した冬期の大禅の滝（右・北相木村役場提供）

DATA

◆アドバイス

氷瀑の時期も駐車場まで車で進入可。散策時は長靴の方がベスト。「氷瀑祭り」は、近年開催されておらず、シャトルバスも運行されていない。

◆交通アクセス

車：中部横断自動車道佐久南ICから国道142、141号、県道、村道経由で約35km。村道終点に観瀑者用駐車場（無料）がある。

◆問い合わせ

北相木村経済建設課☎0267-77-2111

村道終点の観瀑者用駐車場

三滝橋を渡れば、あと少し

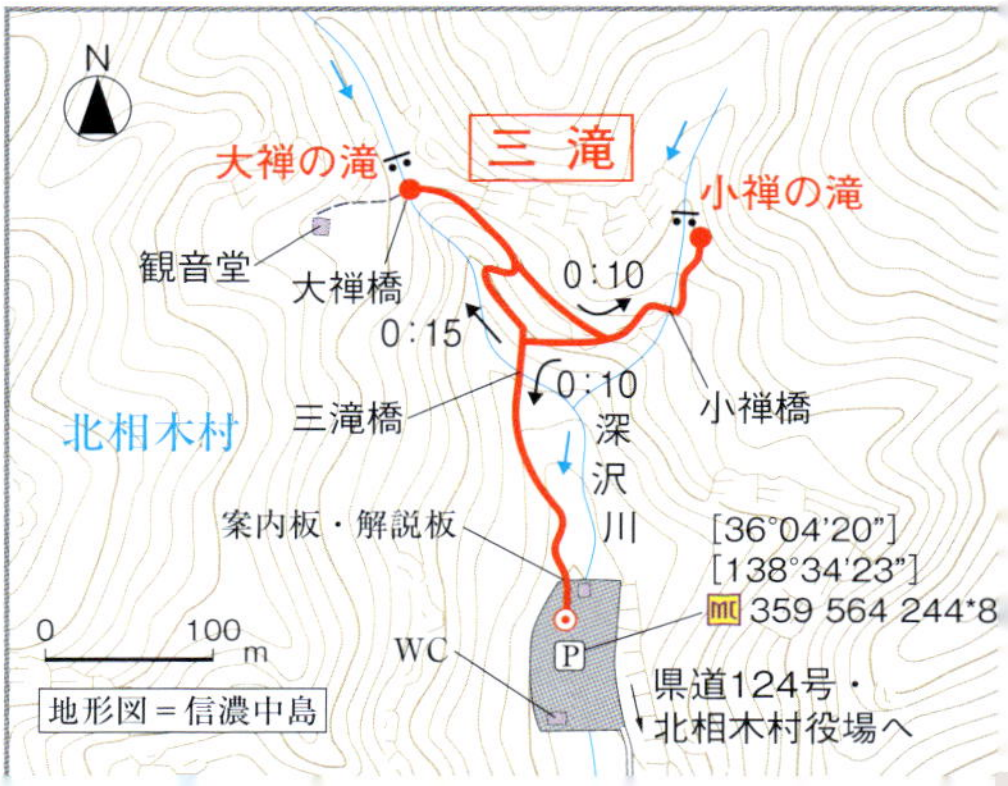

トンネルの中から滝見をする

おみかの滝

おみかのたき

南相木村
標高960m／落差16m／西北西／徒歩5分（諏訪神社入口からは往復12分）／家族連れ

南相木川が作る滝で、「御三甕の滝」とも書く。上《うわ》ん淵、中ん淵、下ん淵と呼ばれる、かめ状の滝壺が三つあることから「御三甕」と名付けられたかと思いきや、「おみか」という娘の名前に由来するという。村には、次のような伝説が伝わる。

その昔、気立てが優しく美しいおみかが、近くの家に嫁いで来た。しかし姑《しゅうとめ》は、彼女が嫁入りの時に持参した着物に目がくらみ、憎らしく思うようになった。

ついにある日、おみかを誘い出して滝壺に突き落としてしまう。ところが、囲炉裏《いろり》で煮え立つ鉄瓶からドジョウが上がってくるのを見た姑は、それが彼女の祟《たた》りだと気づき、成仏するように滝のそばに祠《ほこら》を祀った——。

県道2号で南相木小学校を目指す。小学校向かいに駐車場があり、少し東側から遊歩道が下っている。一方、南相木川沿いにも祝平《ほうりだいら》入口と駐車スペースがあり、どちらを起点にしても滝まで5分ほど。ただし後者の方が楽。

滝の前のトンネルでは、センサーライトが自動点灯。途中の岩壁に穴が開けられ、滝見ができる。さらに滝の前にも観瀑台が設けられている。

トンネル途中の穴からのぞくおみかの滝。木が成長して、以前よりも滝が隠れ気味だ（7上）

トンネル内は照明が自動点灯する

DATA

◆アドバイス

村内の犬ころの滝（次項）も訪ねたい。

◆交通アクセス

車：中部横断自動車道佐久南ICから国道142、141号、県道、村道経由で約28km。入口に駐車場と駐車スペースがある。電車・バス：JR小海線小海駅より中島行き南相木村営バスで約15分、小学校下車。

◆問い合わせ

南相木村振興課☎0267-78-2121

観瀑台からは間近に観賞できる（7上）

温泉施設の目の前にある

犬ころの滝

いぬころのたき

南相木村

標高1110m／落差10m／南南西／徒歩2分／家族連れ

南相木《みなみあいき》川には、前項の「おみかの滝」と立岩の滝（P176）があるが、さらに上流の犬ころの滝も知られる。

ほかの二瀑と同様に小海町から県道2号で南相木村へ向かう。立ち寄り湯の「滝見の湯」を通り過ぎたところに同施設の第2駐車場があり、ここに車を置く。案内標識に導かれて遊歩道を下れば、すぐに滝が右手に見えてくる。

滝見の湯の直下で水を落としているので、その内湯からも文字通り「滝見」ができる。ただ、それだけに観瀑台からカメラを向けると、滝見の湯の大きな建物が入ってしまう。そこで長靴を履いて行き、滝壺まで降りて左手の渓流内から撮影すれば、建物が入らないように撮影できる。

その昔、悪さをする山犬に困った村人が、この滝に追い落として殺してしまったという伝説に由来する。山犬の滝ではなく、犬ころの滝というのがおもしろい。

立ち寄り湯の「滝見の湯」

滝見の湯第2駐車場が利用可

岩肌を左右に広がって流れる犬ころの滝。本文でも触れたように渓流内から撮影（7上）

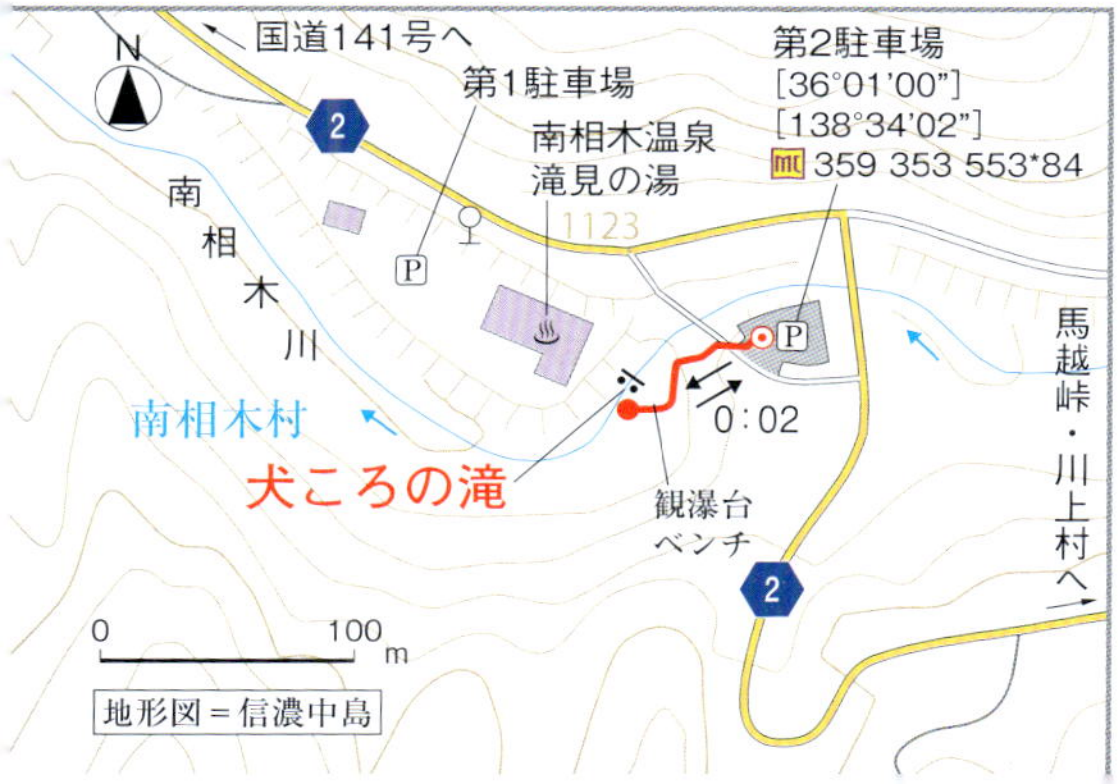

DATA

◆交通アクセス

車：中部横断自動車道佐久南ICから国道142、141号、県道経由で約32km。滝入口に滝見の湯の第2駐車場があり、観瀑者の利用可。電車・バス：JR小海線小海駅より中島行き南相木村営バスで20分、中島で三川行き同バスに乗り換え10分、温泉前下車。

◆問い合わせ

南相木村振興課☎0267-78-2121

板状節理の断崖に懸かる滝

千ヶ滝

せんがたき

南牧村

標高1340m／落差12m／東北東／徒歩6分（往復14分）／家族連れ

八ヶ岳に降り注いだ雨を集めた杣添《そまぞえ》川が、その山麓で板《ばん》状《じょう》節《せつ》理《り》の断崖から涼しげなシャワーのような水流を落としている。

国道１４１号を小海線海尻駅近くで右折し、海ノ口牧場経由でアクセスするルートもあるが、少しわかりにくい。そこで南牧村役場の６kmほど先、市場交差点を過ぎて「八ヶ岳高原ロッジ」の案内看板を目印に斜め右に続く道路へ入ろう。別荘地「海の口自然郷」の手前、赤い欄干の千ヶ滝橋を渡ったところに砂利敷きの駐車場が用意されている。

車を置いて、道路の向かいから小径に入る。林間の道は、ほどなく急な鉄製の階段となり、渓谷に降り立つ。

滝の両側には、板状節理の断崖がオーバーハング状にせり出し、そこから落ちたと思われる岩が崖下に散在している。念のため足元だけでなく上部にも注意しながら近づくと、滝口からあふれ出た水が、滝下の岩に当たって跳ね返る姿で迎えてくれる。滝の規模の割に滝壺は広い。

ただ杣添川は、水量が多くなく、しかも地下に浸透しやすいため、雨が長く降らない時は、水流が完全に止まり、滝を見られないこともある。

DATA

◆交通アクセス

車：中部横断自動車道佐久南ICから国道142、141号、村道経由で約37km。あるいは中央自動車道小淵沢ICからレインボーライン、県道、国道141号、村道経由で約29km。千ヶ滝橋のたもとに観瀑者用駐車場（無料）がある。

◆問い合わせ

南牧村観光協会☎0267-98-2091

千ヶ滝橋のたもとにある砂利敷きの観瀑者用駐車場。案内看板は何もないが、4～5台は駐車可能だ（上）。渓谷には、急な鉄製階段で下る（右）。その途中で樹間に滝が現れる

地形図＝八ヶ岳東部

シャワーのように流れ落ちる千ヶ滝。周囲を取り囲む板状節理の岩も見どころ（7上）

滝がある岩壁に太陽光線が当たる様子をシミュレーションした画像

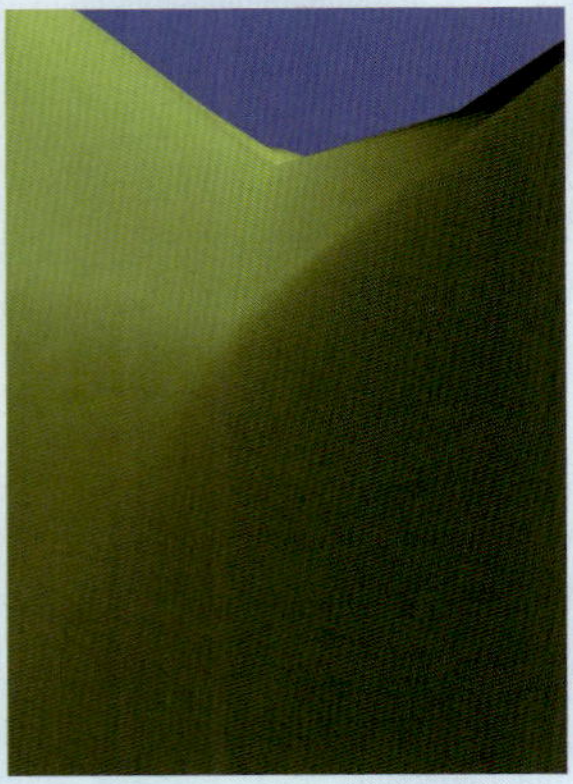
11月1日午前8時

同午前9時30分

同午前11時

同午後0時30分

同午後2時

同午後3時30分

実際の画像。11月1日午前9時30分撮影

長野県南木曽町の「うるう滝」に太陽光線がどのように差し込むか、カシミール3Dでシミュレーションしてみた。月日は紅葉シーズン中の11月1日に設定。午前8時から1時間30分ごとに見ていくと、少しずつ岩壁に太陽光線が当たり始め、正午を過ぎると、ほぼ影がなくなる（全体が最も明るくなる）ことがわかる。実際に同日の午前9時30分に現地で撮影した左写真と比較すると、ほぼシミュレーション通りだとわかる。またP95に午後0時42分に撮影した写真も掲載しておいたので、こちらも比べてほしい。なお、カシバードでは滝は表示されないので、画面中央に一筋の滝が流れているものとして、ご覧いただきたい。

ちなみに3D画像で表示される地形は、カシバードの微妙な位置の違いによって大きく変わってくる。この調整には少々慣れが必要だが、本書に掲載した滝の写真を参考にしながら、3D画像の見え方が実際の見え方に最も近くなるように微調整をする方がお勧め。微調整をすると、より正確な判断が可能になる。

Column

太陽が滝を照らし出す時間帯を見極める

「東向きの滝は午前中がベスト」は正しいか

迫力ある滝を撮影したい……と意気込んで訪ねてみたら、滝の下半分に影がかかっているではないか！　そんな経験をした人は多いだろう。

曇天の日であれば、雲が太陽光線を拡散するディフューザーの役目を果たしてくれるので、あまり時刻を気にせずに撮影できる。しかし問題は晴れの日だ。

滝は、通常、切れ込んだ渓谷にあることが多いので、太陽光線が滝全体を照らし出す時間帯は限られる。これを見極めるのは、なかなか難しい。大ざっぱに考えれば、東向きの滝は午前中、南向きの滝は正午前後、西向きの滝は午後の方がよさそうに思える。で、北向きの滝は常に日陰なので諦めるしかないのだろうか。

実際はケース・バイ・ケースで、この通りにならないこともある。いうまでもなく季節によって太陽の動きは変わる。春分の日と秋分の日は、真東から太陽が昇るが、その後は南寄りに軌跡を描いていくので、午前中は東ではなく南東方向から太陽光線が差し込むことになる。

一方、夏至の日は、東北東から太陽が昇り、午前8時過ぎに真東にくるので、東向きの滝では、その前後が好条件になる可能性が高い。しかし冬至の日は、南東から太陽が昇り、南中高度も低くいため（長野県内では30°前後）、条件がより厳しくなる。

加えて、滝の向きをあらかじめ把握できないこともある。国土地理院地図に目的の滝記号が表示されておらず、例えば河川が東に向けて流れているので、滝もきっと東向きだろうと予測して訪ねてみると、滝が蛇行区間にあって、北東や南東を向いていることもある。

地図によっては河川の微妙な蛇行や滝の位置と向きまで正確に表示されていないことも多いし、国土地理院地図にも表示されない大きな岩塊や樹木が、滝のそばにあって、それが、思わぬ影を作ることもある。

ただ、南向きと北向きの滝の場合は、太陽が南中する正午前後が好条件とはいえそうだ。滝の角度や渓谷の深さにもよるが、北向きの滝であっても流身がやや逆光気味ながらも照らし出される可能性はある。この可能性は、夏至の頃が最も高い。

机上でシミュレーションする方法

完全とはいえないが、パソコンを使って、あらかじめ机上でシミュレーションする方法もある。フリーソフトの「カシミール3D」を使えば、おおよその予想をすることは可能だ。

カシミール3Dを起動して、観瀑台の位置にカシバードを配置。対地高度や画角を設定してカメラを滝の方向に向ける。対地高度を身長程度に設定すると、3D画像が裏返ることがあるので、その場合は少し高度を上げよう。

カメラ各種設定の「太陽・月」から「太陽の位置と軌跡」の月日と時刻を指定し、あとは時刻を変えていくと影が消え、滝が照らし出される時間帯がわかる。影は太陽が高くなるに従い、実際よりも少し薄く表示されるが、読み取りは可能だ。

前述したように岩塊などの微地形や樹木の影響が及ぶ可能性はあるものの、谷間から影が消える時刻と再び反対側に影がかかる時刻の真ん中あたりに訪問すれば、滝全体に太陽光線が降り注いでいる可能性が最も高いことになる。その予測を立てる上で、カシミール3Dは役立つ。

なお、ソフトウェア自体はインターネットで簡単にダウンロードできるが、カシバードを使う際は別途、市販の標高データを入手する必要がある。

岩壁の縦縞模様が面白い

八坂大滝

やさかおおたき

大町市

標高610m／落差50m／南／徒歩7分（往復13分）／家族連れ

大町市八坂地区（旧・八坂村）の平沢に懸かる直瀑。

麻績《おみ》ICから国道403号と県道55号で大町市へ向かう。生坂村の広津郵便局を見送った1km先で、右側に「八坂大滝」の案内看板が立てられた広場が見えてくる。ここが観瀑者用の駐車場。さらに車で旧道へ入れないこともないが、付近は狭いので駐車場に置く方がよい。

県道を西に少し歩き、弘法橋を渡って右の旧道に入る。その100m先に登り口があり、山道を5分も登ると滝が見えてくる。

高さ50mもの岩壁から一直線に落水する姿は、なかなかの迫力だ。渇水期には涸《か》れることもあるようだが、冬期にはドーム状の氷瀑となることでも有名。

また遊歩道は、滝直下で桟道に変わり、滝の裏側を通り抜けて対岸に続いている。滝の裏側からも見られるので「裏見の滝」とも呼ばれ、左岸側には弘法大師を祀ったお堂が建てられている。

岩壁を見上げると、左側は黒い縦縞《たてじま》模様が入る砂岩で、右側はゴツゴツして砂岩の中に礫岩《れきがん》が混じっているようにも見える。個性的な岩壁もよく見ておきたい。

観瀑者用の駐車場

滝直下に続く桟道

DATA

◆交通アクセス

車：長野自動車道麻績ICから国道403号、県道経由で約15km。県道沿いに観瀑者用駐車場（無料）がある。電車・バス：JR大糸線信濃大町駅から大町市民バス八坂コースで約22分、石原下車。旧道入口まで徒歩4分。滝まで徒歩11分。

◆問い合わせ

大町市観光協会☎0261-22-0190

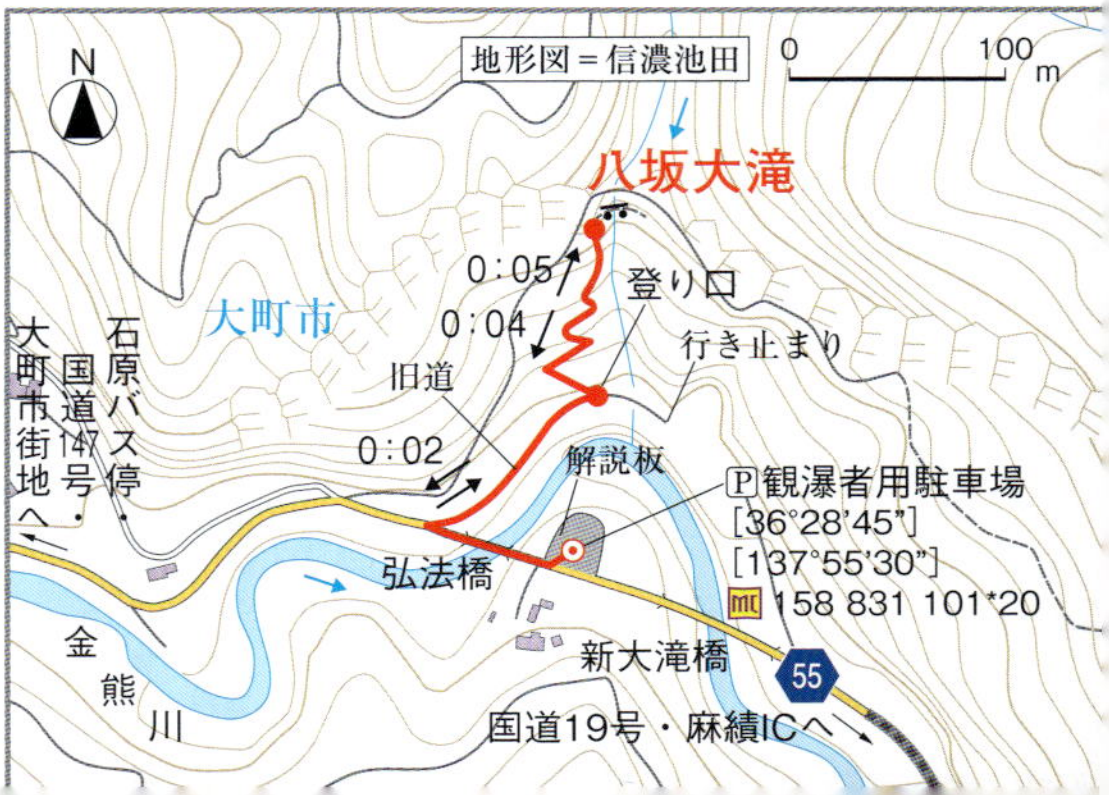

滝だけでなく、縦縞模様が入る個性的な岩壁にも注目したい（10下）

昔は村人が身を清めていた

黒沢の滝

くろさわのたき

安曇野市

標高1050m／落差25m／南東／徒歩5分／家族連れ

安曇野ＩＣと松本ＩＣ、どちらからもほぼ同距離にあり、おおよその目標としては県道25号で安曇野市の南端、松本市との市境付近に向かう。

北黒沢橋近くの変則四差路（「山田精工」という会社と滝の案内標識が目印）から山にのびる狭い舗装道路へ。

黒沢不動尊と黒沢ダムの奥にゲートがあり、観瀑者用の駐車場とトイレ（外観は古いが、管理され普通に利用可）が用意されている。

ゲートを越えて林道を歩き始めよう。５分ほどで林道終点があり、ここに黒沢の滝が懸かっている。

北アルプス・蝶ヶ岳から東にのびる支稜上に位置する黒沢山の山麓、北黒沢川の源流部にあたる。上下２段からなり、上段は目測で落差約20ｍ、下段は落差約５ｍくらいだろうか。どちらも左右に流れが分かれ、水量も豊富で、轟々《ごうごう》と流れ落ちる水音が付近に響き渡っている。

５月の縁日には、山麓の浄心寺に置かれていた不動明王像を黒沢不動尊に移す例祭が行われる。かつて村人たちは黒沢の滝で身を清めて祭りに臨んでいたという。おそらく黒沢の滝も古くは行者たちの滝行の場だったのだろう。

DATA

◆コース概略

幅の広い林道を歩くだけなので、訪問は容易。

◆交通アクセス

車：長野自動車道安曇野ICから県道、市道経由で約16km。または長野自動車道松本ICから県道、市道経由で約15km。黒沢不動尊奥のゲート前に観瀑者用駐車場（無料）がある。

◆問い合わせ

安曇野市観光情報センター☎0263-82-9363

ゲートがある林道入口。滝の標識はないが、ここを入る（上）。林道途中で見かけた落差３ｍほどの小さな滝（というか沢？）。北黒沢川の左岸から、サラサラと流れ込んでいた（右）

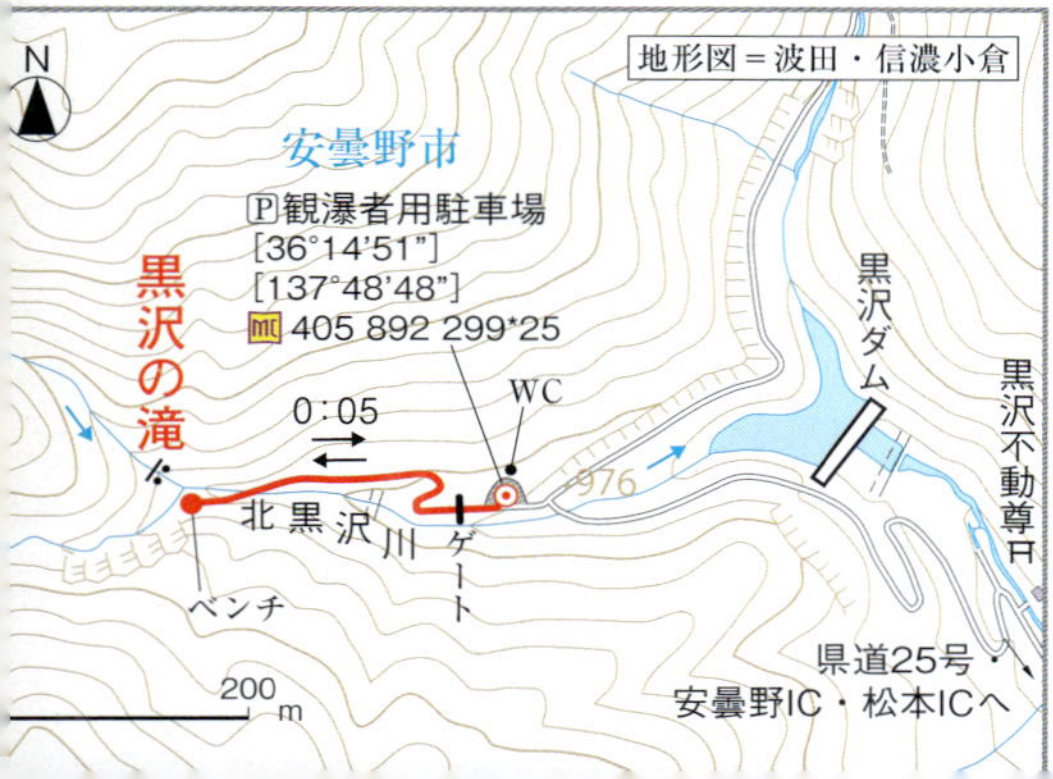

上下2段になって落ちる黒沢の滝。昔は、無事息災と豊作が祈願されていた（10下）

板状節理の岩壁から豪快に落水

乗鞍高原

番所大滝

のりくらこうげん ばんどころおおたき

松本市

標高1250m／落差40m／北北西／徒歩5分（往復12分）／家族連れ

乗鞍高原には、ほかにも善五郎の滝（次項）と三本滝（P62）があり、合わせて乗鞍三滝と呼ばれる。いずれも小大野川に懸かり、三滝の中で最大なのが、最も下流に位置する番所大滝だ。

松本市街地から国道158号と県道84号で乗鞍高原に向かうと、県道に入って7・7km先に観瀑者用の有料駐車場がある。料金は駐車場の料金箱に入れればよい。

駐車場の奥に左右にのびる遊歩道があり、左は千間淵《せんげんぶち》遊歩道。右が番所大滝に続く道。じきに急斜面に付けられたジグザグ下降の道となって、あずまや付きの展望台に出る。

目の前に番所大滝がダイナミックに水を落とし、その飛沫が渓谷の風で舞い上がり、顔にもカメラにも容赦なく降り注ぐ。しかも、すさまじい爆音に会話すらできない。それだけ滝に近いことを意味し、その迫力は圧巻である。

流身の左半分は岩の凹凸によって細かな模様が生じ、一方右半分は一気に滝壺に吸い込まれている。岩壁の板状節《ばんじょうせつ》理《り》も見どころだ。

番所地区にあるので番所大滝と呼ばれるが、上流に向けて千間淵遊歩道をたどると、落差8ｍの番所小滝もある。

あずまや付きの展望台

入口の観瀑者用有料駐車場

DATA

◆アドバイス

千間淵遊歩道は、所要30～40分ほど。

◆交通アクセス

車：長野自動車道松本ICから国道158号、県道経由で約35km。入口に有料駐車場がある。電車・バス：JR篠ノ井線松本駅から松本電鉄上高地線で30分、新島々駅下車。休暇村行きアルピコ交通バスに乗り換え42分、大滝前下車。

◆問い合わせ

のりくら高原観光案内所☎0263-93-2147

4万2000年前に乗鞍火山から流れ出した番所熔岩の北端に懸かる名瀑（6中）

大イワナに引き込まれた仙人の名

乗鞍高原

善五郎の滝

のりくらこうげん ぜんごろうのたき

松本市

標高1520m／落差20m／東北東／徒歩10分／家族連れ

乗鞍三滝のうち、小大野川の真ん中にあり、乗鞍火山から流れ出した番所熔岩の崖に懸かっている。

最寄りの入口は、県道84号の鈴蘭橋たもとと、その800m手前の2ヶ所にあり、どちらにも駐車場がある。

滝までの距離は似たようなものだが、鈴蘭橋からのコースは、少し下るので、帰路はその分を登り返すことになる。ただ、その途中に滝を見下ろせる滝見台があるのは利点。一方、手前入口からのコースは、比較的アップダウンは緩やかだが、滝見台に立ち寄る場合は、分岐から往復する必要がある。

いずれにしても両コースは合流するので分岐から渓谷に下り、橋を二つ相次いで渡る。ちなみに浸食で滝の位置は後退し続けており、付近の淵は、かつての滝壺跡である。

滝の前にある橋は、滝の水しぶきでぬれ、周囲に響き渡る水音もすごい。簾《すだれ》のように懸かる流身は見る方向によっては端正な長方形になり、時に虹がかかることも。

その昔、大野川の里に住んでいた、善五郎という仙人《そまびと》が、ここで大イワナに危うく滝壺に引き込まれそうになったことに由来するという。

DATA

◆交通アクセス

車：長野自動車道松本ICから国道158号、県道経由で約40km。2ヶ所の入口それぞれに無料駐車場がある。電車・バス：JR篠ノ井線松本駅から松本電鉄上高地線で30分、新島々駅下車。休暇村行きアルピコ交通バスに乗り換え47分、観光センター下車。さらに乗鞍山頂行き同バスに乗り換え5分、すずらん橋下車。※手前の入口にはバス停なし。

◆問い合わせ

のりくら高原観光案内所☎0263-93-2147

鈴蘭橋の800m手前にある駐車場。乗鞍岳の眺めが良好だ（上）。滝見台からは、善五郎の滝と乗鞍岳・剣ヶ峰（中央やや左のピーク）をセットでカメラに収められる（右）

太陽光線を浴びて輝く善五郎の滝＝6月20日8時50分撮影

形態の異なる三つの滝が並ぶ

乗鞍高原 三本滝

日本の滝百選

のりくらこうげん さんぼんだき

松本市　標高1810～1820m／黒い沢の滝・本沢の滝＝落差50m／北北西～東～北東／徒歩20分（往復45分）／家族連れ

黒い沢の滝は、白糸のような繊細な流れが特徴だ＝6月20日9時47分撮影

三本滝は、小大野川源流部とその支流に懸かる三つの滝の総称。日本の滝百選と長野県の名勝に選ばれているほか、番所大滝（P58）と善五郎の滝（前項）とともに乗鞍三滝の一つにも数えられている。

県道84号で乗鞍高原を抜け、休暇村乗鞍高原から4㎞ほど進んだところに入口がある。乗鞍岳畳平に続く乗鞍エコーラインは、通年マイカー規制が行われているが、三本滝の入口までは規制区間外なのでマイカーによるアクセスも支障はない。

ただ、バス利用の場合は、新島々駅から三本滝バス停へ直通のバス路線がないので、手前の観光センター前か、休暇村で乗鞍山頂行きのバスに乗り換える必要がある。

三本滝レストハウスとトイレがある駐車場から滝までは「かもしかの径《みち》」と呼ばれる遊歩道で結ばれている。鈴蘭方面に続くコースとの分岐を過ぎて「虹の吊り橋」を渡る。この橋の両側にも無名の滝が水を落としている。特に下流側の滝は立派だ。短い桟道を通れば、もう目的地。

手前からも黒い沢の滝の一部を望めるが、解説板が立つ場所から少し上がると、目の前に三本滝が姿を現す。

右手にある黒い沢に懸かる滝は、白糸を垂らしたような流身が黒い熔岩の左右に広がる姿が印象的。また正面の本沢に懸かる滝は、直瀑のようでありながら実は分岐瀑だが、迫力を感じさせる。一方、地味でわかりにくいが、左手には無名沢の滝が、サラサラと岩から水を落としている。

かつて無名沢の滝は、木の枝に邪魔され、時期によってはほとんど見えなかったが、最近は夏でもよく見えるようになった。滝の前にある岩の上に上がれば、まるで特徴が異なる三つの滝をぐるりと眺められる。カメラを構えるのなら、この岩の上がベストポジションといえそうだ。

修験者たちが滝行をしていた場所で、かつては滝の前には不動明王像と摩利支天《まりしてん》像が祀《まつ》られていたという。今では、多くの観光客が訪れる乗鞍高原の定番観光スポットの一つとして知られるが、コメツガやシラビソなどの森閑とした森に囲まれ、幽玄な雰囲気は今も変わらない。

帰路は、途中の分岐を左折してスキーゲレンデの道を通ってもよい。特に見どころはないが、夏であれば、付近の草原でハナニガナなどが咲いているかもしれない。

「虹の吊り橋」左岸の岩壁に群れ咲くオタカラコウ（7下）

滝の手前に立つ「長野県名勝　三本滝」の解説板（6中）

本沢に懸かる滝。岩壁の凹凸で水流が左右に分かれている＝6月20日9時56分撮影

コースシミュレーション

❶三本滝レストハウスの左手から遊歩道へ。写真はトイレ

❷木漏れ日が心地よい林間の道が、しばらく続く

❸鈴蘭方面や乗鞍岳登山道に続くコースとの分岐点

❹「虹の吊り橋」を渡る。この下流側にも豪快な滝が…

❺木の間から黒い沢の滝が見えた。目的地に到着だ

❻帰路は、ゲレンデのコースを経由するのもよい

三本滝のうち無名沢に懸かる滝（左・7下）。虹の吊り橋の下流側直下に懸かる無名の滝（右・7中）

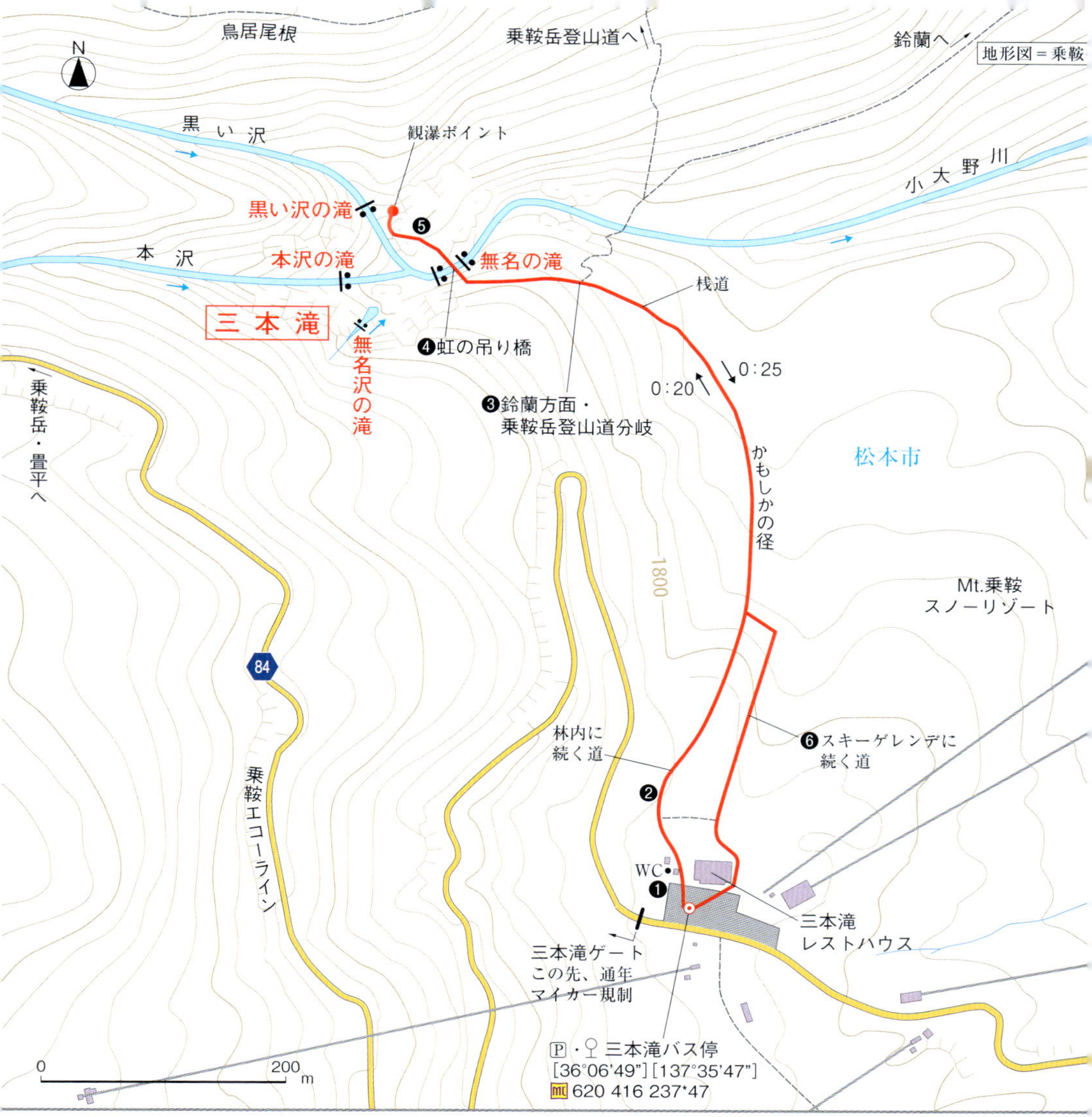

DATA

◆交通アクセス

車：長野自動車道松本ICから国道158号、県道経由で約45km。入口に無料駐車場がある。電車・バス：JR篠ノ井線松本駅から松本電鉄上高地線で30分、新島々駅下車。休暇村行きアルピコ交通バスに乗り換え47分、観光センター下車。さらに乗鞍山頂行き同バスに乗り換え15分、三本滝下車。

◆問い合わせ

のりくら高原観光案内所☎0263-93-2147

入口の無料駐車場

覚明行者が滝行を重ねた

御嶽山麓

尾の島の滝

おんたけさんろく おのじまのたき

木曽町

標高1300m／落差25m／北東／徒歩5分／家族連れ

御嶽山中興開山の祖であり、黒沢口登山道を開いたとされる江戸時代の行者・覚明行者《かくめいぎょうじゃ》は、この滝の幽玄な景観に感《かん》応《のう》し、御嶽山登山を願って滝行を重ねたとされる。

御嶽山から流れ出る冷川《つめたがわ》の中流に懸かる滝で、開田高原の一角にある。県道20号と開田高原マイアスキー場の中間あたりを目指すが、県道20号の交差点など、要所要所に立つ「尾の島の滝」の道標に従えばよい。滝入口には、駐車スペースが用意されている。

車を置いて遊歩道を下れば、滝までは5分ほど。上下2段の段瀑だが、水量が減ると下段は分岐瀑に変わる。

滝の周囲は、半円状の断崖となり、その中に苔むす岩が配され、まるで箱庭のような風情である。滝壺から流れ出す渓流が、細かく分かれる様も美しい。

筆者取材時には、白いコンロンソウが咲き乱れ、ちょっとした花園になっていた。

滝の前に立つ解説板

入口の駐車スペース

水量が減って下段が左右に分かれた尾の島の滝。周囲の景観も含めて楽しみたい（6中）

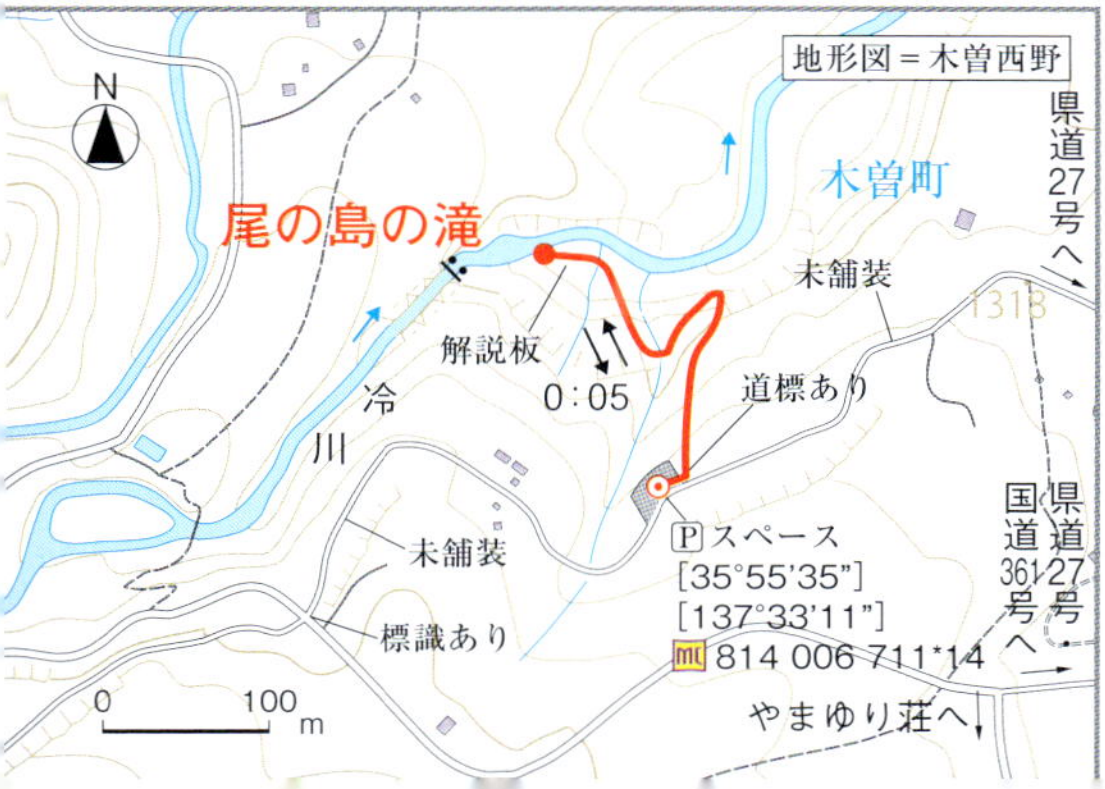

DATA

◆コース概略

滝に下る道は緩やかで、危険な箇所はない。

◆交通アクセス

車：中央自動車道伊那ICから県道、国道361号（権兵衛トンネル）、国道19、361号、町道、県道、町道経由で約57km。入口に観瀑者用の駐車スペースがある。

◆問い合わせ

木曽町観光協会☎0264-22-4000

昔は飛騨街道の名所だった

唐沢の滝

からさわのたき

木曽町

標高1120m／落差50m／南東／徒歩5分／家族連れ

木曽町中心部から開田高原に続く国道３６１号の途中で分かれて地蔵峠へ向かうと、二本木の湯を見た２・５km先の右カーブに解説板が立つ駐車スペースが見えてくる。

道路からも滝を望めるが、近くに行ってみよう。右岸側の道は、緩やかに上るだけだが、左岸側の道は、少し高い位置に迂回するように付けられている。大きな違いはないが、右岸側からアクセスする方がよさそうだ。

最上段の滝まで行く道のほかに最下段の滝下には木橋が架けられ、見る位置によっても滝の姿は随分変わる。なにしろ落差50ｍの間に４段の滝が連続し、木橋から見上げれば下の３段分しか見えない。

ちなみに現地看板には「高さ約１００ｍ」とあるが、国土地理院地図の等高線から読む限り、そこまで高いとは思えない。

かつては滝の左岸側を巻くように飛騨街道が通っており、街道の名勝の一つになっていたそうだ。当時は、今よりも高い滝で、75間（１３５ｍ）もあったとのこと（?）だが、繰り返された街道の改修工事で低くなったという。それでも過去には黒川八景や木曽三景に数えられている。

右岸側入口の駐車スペース

左岸側の道はアップダウンあり

DATA

◆コース概略

右岸側の道から左岸側の道へ渡り、遊歩道をひと回りしても、所要10〜15分程度。

◆交通アクセス

車：中央自動車道伊那ICから県道、国道361号（権兵衛トンネル）、国道19、361号、町道経由で約40km。右岸側入口に駐車スペースがある。

◆問い合わせ

木曽町観光協会☎0264-22-4000

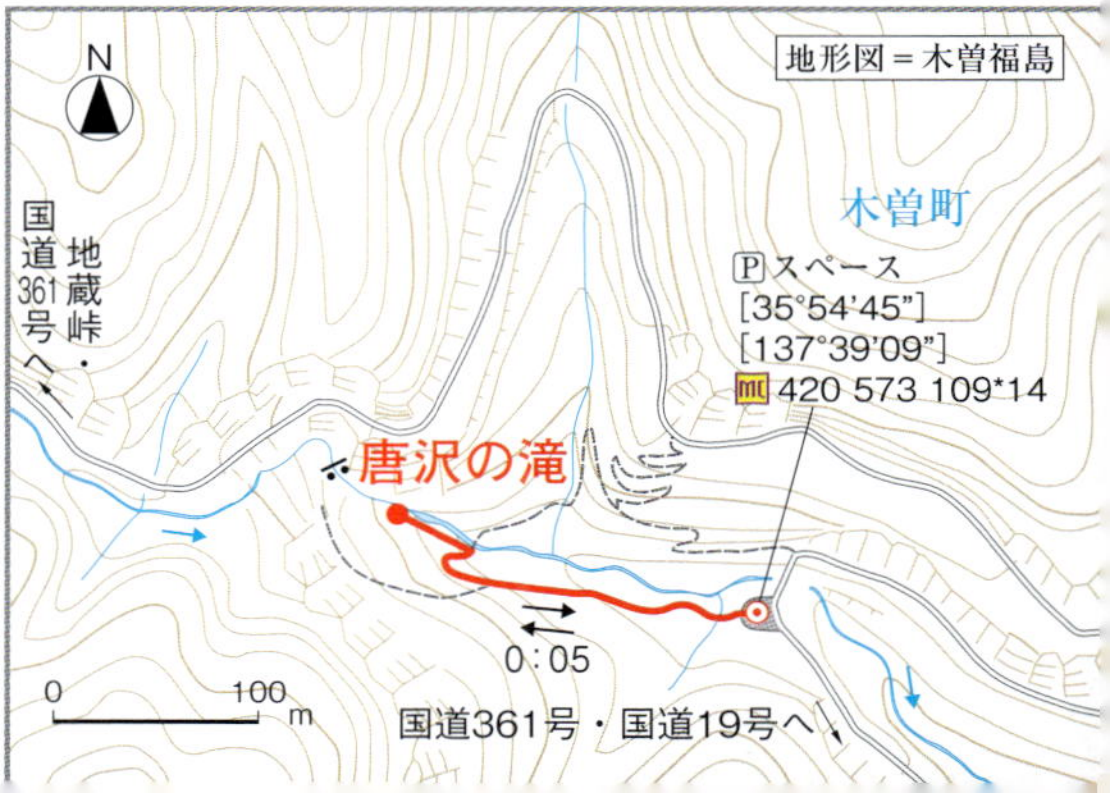

最下段の滝下から見上げる唐沢の滝（8上）

白川中流に懸かる２瀑を訪ねる

御嶽山麓 こもれびの滝 不易の滝

おんたけさんろく こもれびのたき／ふえきのたき

木曽町　こもれびの滝＝標高1200m／落差15m／南東。不易の滝＝標高1270m／落差20m／東。徒歩16分（往復30分）／家族連れ

御嶽山の中の湯付近に発した白川《しらかわ》は、その中流でこもれびの滝となって落水するが、近くの支流源流部にも不易の滝という滝があり、二つの滝を結ぶ遊歩道も整備されている。この遊歩道は、２０１７年6月に長野県南部で発生した地震の影響で、しばらく通行止めになっていたが、その後、復旧・開通している。

国道19号から県道20号と４７３号で中の湯方面に向かう。県道４７３号は、途中で霊峯ラインになり、ほどなく左手に「油木美林《あぶらきびりん》遊歩道・不易の滝」という案内看板が立つ駐車場とトイレが見えてくる。

遊歩道を緩く下り橋を渡ると、あずまやの奥に白川本流に懸かるこもれびの滝が現れる。2～3段の断瀑で、上段は2条に分かれている。滝壺まで行く小径もある。

その先で百間滝《ひゃっけんだき》方面の登山道を右に分け（筆者取材時は通行止め）、さらにひと登りすると、木橋を渡って石段となり、不易の滝に着く。ここにもあずまやがあり、目の前に滝を望める。

苔むす岩壁から地下水が湧き出す潜流瀑《せんりゅうばく》で、無数の細い流れとなって、したたり落ちている。岩壁に開いた大きな穴もおもしろい。

DATA

◆交通アクセス
車：中央自動車道伊那ICから県道、国道361号（権兵衛トンネル）、国道19号、県道、霊峯ライン経由で約51km。入口に油木美林遊歩道駐車場がある。電車・バス：JR中央本線木曽福島駅から御岳ロープウェイ行き木曽町生活交通システム（コミュニティバス）で32分、百間滝入口下車。※夏期の特定日のみの運行。

◆問い合わせ
木曽町観光協会☎0264-22-4000

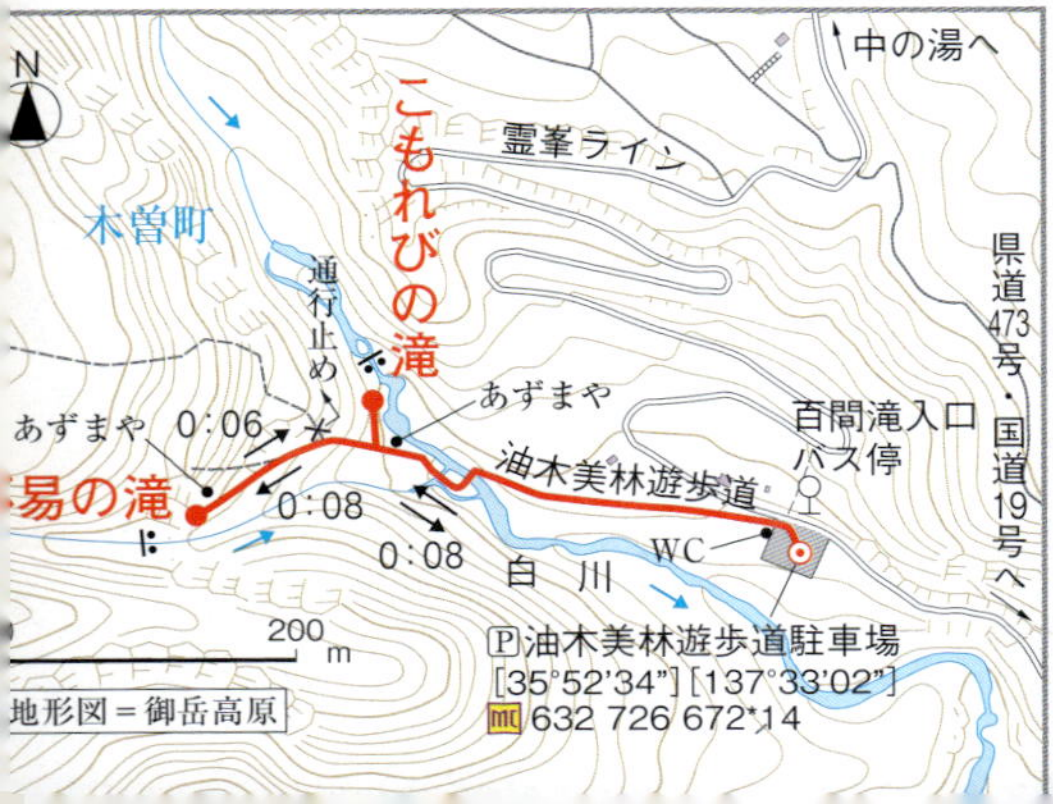

岩壁からしみ出すように流れる不易の滝（11上）

73　紅葉に彩られた「こもれびの滝」（写真は上段）。油木美林遊歩道を整備した際に一般公募で命名された（10下）

古くから行者が精進潔斎をした

御嶽山麓 清滝

おんたけさんろく きよたき

王滝村

標高1210m／落差30m／南南西／徒歩5分／家族連れ

御嶽山の中腹には、清滝と新滝（次項）という二つの滝が、少し距離を置いて懸かっている。どちらの滝も御嶽教の講社のみなさんが、滝行に励む神聖な場所で、あたりには厳粛な雰囲気が漂う。

王滝村の中心部から県道256号で田の原に向かう。県道は途中から村道となり、市街地から5㎞ほどで清滝入口の駐車場に着く。

滝に続く道は、2017年6月に長野県南部を襲った地震の影響で落石などの被害があり、対岸に仮設歩道が造られている。仮設とはいえ、立派な木造の歩道だ。復旧が終わったあとに現地状況はまた変わる可能性もあるが、いずれにしてもどちらかの歩道で滝に向かうことになる。

岩壁から落ちるベールのような姿が印象的で、滝に打たれる人々を見かけることもあり、さすがに信仰の山・御嶽山らしい光景に納得である。

滝の前には、清滝不動尊があり、朱色の橋が両岸を結んでいる。左岸側から新滝に続く道がのびており、このまま徒歩で向かう方法もあるが、尾根を越えるので、時間を要する。通常は一度降りて車で向かう方がよい。

※地図はP79

清滝入口の無料駐車場

左岸側に造られた立派な仮設歩道

DATA

◆交通アクセス

車：中央自動車道伊那ICから県道、国道361号（権兵衛トンネル）、国道19号、県道、村道経由で約57km。入口に無料駐車場がある。

電車・バス：JR中央本線木曽福島駅から田の原行き王滝村営バスで41分、清滝下車。※運行期間と運行日に注意。

◆問い合わせ

王滝観光総合事務所☎0264-48-2257

清滝に打たれて身を清める信者のみなさん（8上）

清滝と併せて訪れたい

御嶽山麓 新滝

おんたけさんろく しんたき

王滝村

標高1250m／落差30m／南西／徒歩7分（往復13分）／家族連れ

青空を背景に水を落とす新滝＝8月3日15時19分撮影

滝の裏側からも見れるので「裏見の滝」ともいう=8月3日15時12分撮影

前項で紹介した清滝と、わずか２００ｍほどしか離れていない東隣に水を落としているのが新滝である。小股沢《こまたざわ》に懸かる直瀑で、清滝と併せて訪ねたい滝だ。

清滝と同様に王滝村の中心部から田の原に向けて車を走らせよう。やがて清滝の駐車場を過ぎれば、すぐに新滝の駐車場が見えてくる。

バス利用の場合は、木曽福島駅から王滝村営バスに乗車するが、運行期間と運行日は限られ、便数も少ないため、バスによるアクセスは、あまり現実的ではない。

さて、駐車場の先から道標に導かれて小径に入る。鳥居が立つ新滝不動尊があり、この先は、しばらく渓流沿いに森閑とした森を上る。

木の根元や道端の岩は苔むし、林床をオシダが覆い、いかにも長い信仰の歴史を感じさせる風情が好ましい。しっとりとした森の中は、夏でも冷気が漂う。

やがて木橋を渡り、滝行の着替え用に立てられた小屋を回り込むと、新滝の大きな白柱が目の前に現れる。

滝口からあふれ出た水は、透き通るような白い帯となって滝壺に降り注いでいる。岩壁の中ほどには大きな空洞が生じ、そこから滝の裏側を見ると太陽光線が樹間から差し込んできて、流身にゆらゆらと複雑な模様が浮かんでは消えていく。

すぐ上の崖沿いには、新滝不動や正観世音菩薩が祀られ、滝行をする白装束の人を見かけることも多い。ここも清滝同様に神聖な場所であることに留意して、マナーよく観瀑したいものである。

ちなみに清滝とともに冬期の氷瀑でも有名だ。

小屋の奥に新滝が姿を見せた（左）。新滝不動尊。神仏習合で鳥居がある（右）

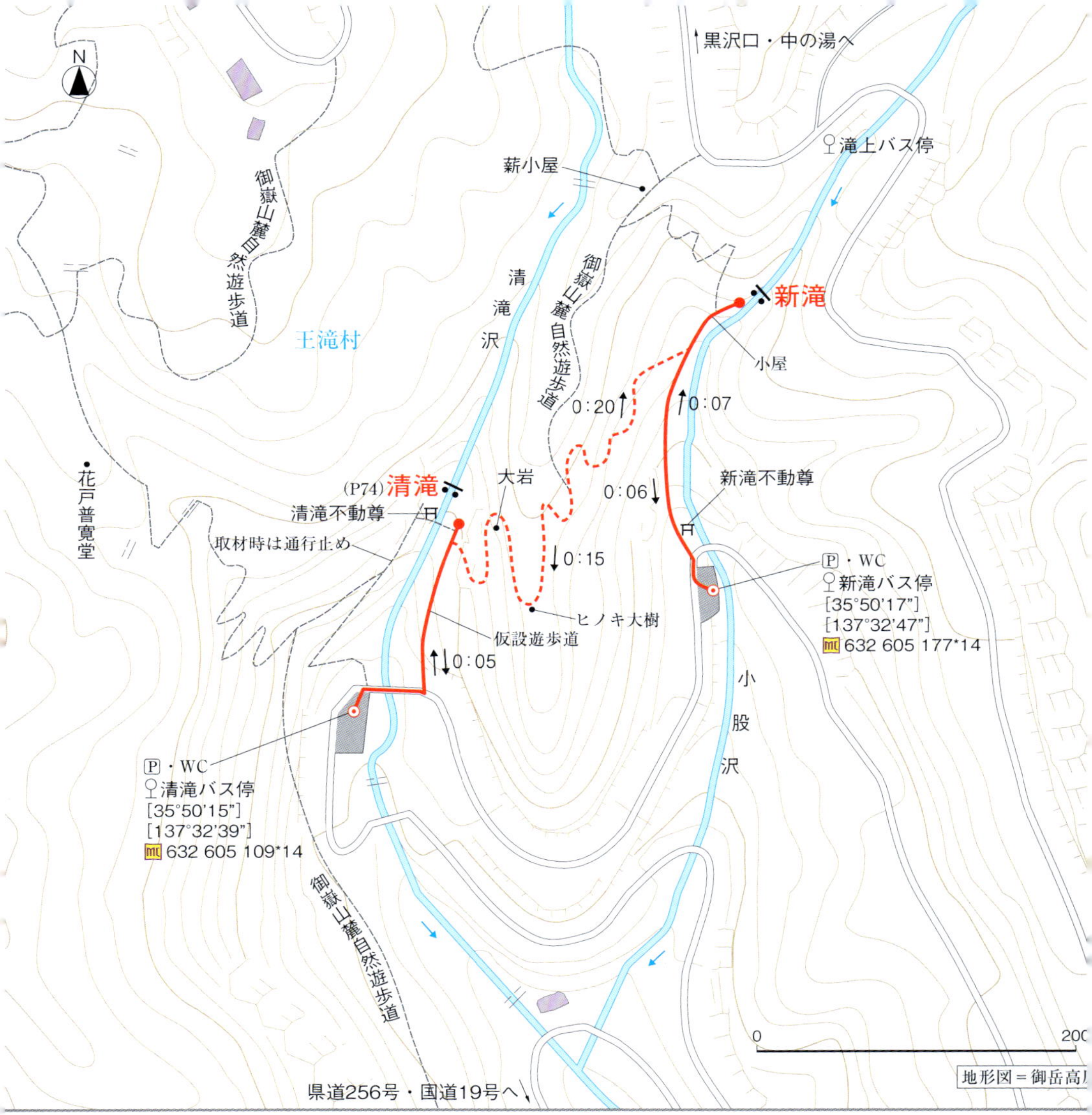

DATA

◆取材メモ

国土地理院地図に示された新滝の位置は、実際よりも下流側に誤表記されていると思われる。

◆交通アクセス

車：中央自動車道伊那ICから県道、国道361号（権兵衛トンネル）、国道19号、県道、村道経由で約58km。入口に無料駐車場がある。電車・バス：JR中央本線木曽福島駅から田の原行き王滝村営バスで42分、新滝下車。※運行期間と運行日に注意。

◆問い合わせ

王滝観光総合事務所☎0264-48-2257

新滝入口の無料駐車場

6合目から登山道をたどる

御嶽山中腹 百間滝

おんたけさんちゅうふく ひゃっけんだき

木曽町

百間滝＝標高1700m／落差50m／東南東／徒歩1時間25分（往復2時間55分）／一般

御嶽山の中腹、南保川《みなみまたがわ》に懸かる雄瀑である。気軽に見に行ける滝ではないが、6合目の黒沢口駐車場から登山道を約1時間半たどると、観瀑ポイントに着く。

山腹をトラバースする往復コースなので、いわゆる「登山」ではないが、全行程が完全な登山道だ。登山靴や雨具、地図などを用意し、あくまで登山スタイルで臨みたい。

駐車場のトイレ左手から少し入ったところに百間滝方面の登山道入口があり、しばらく下ると沢が見えてくる。

以前は木橋があったようだが、２０１７年8月の筆者取材時には、流失しており、結構水量がある沢を飛び石伝いに渡る必要があった。通常は難なく渡れるはずだが、水量次第では難しいかもしれない。

この先、アップダウンを繰り返しながら、標高１７００ｍ前後の斜面を南下して行く。うっそうとした針広混交林《しんこうこんこうりん》が続き、足元にはキソチドリやイチヤクソウなどの花が点々と咲いている。

コースの中間地点あたりで涸れ沢を渡り、岩がゴロゴロする場所を過ぎると、分岐に立つ道標が見えてくる。

右は七合目行場山荘から下ってくるコースで、ここを左にとると、じきに百間滝小屋だ。すでに廃業していて、雨宿りくらいにしか使えない。

付近は、渓谷に向けて尾根状に張り出した地形をしており、小屋の先で展望が開け、約４００ｍ先に百間滝を遠望できる。距離はあるが、切り立った断崖に一筋の白水が懸かる姿は見事というほかない。滝の全景が望めるので、写真撮影をするのであれば、ここがお勧めだ。

最後に百間滝展望所に足をのばすが、名前の割には滝の下部が木に隠されてしまう。ただ、近くの雌蝶《めちょう》の滝はよく見える。また少し無理をすれば、雄蝶《おちょう》の滝と大正滝《たいしょうだき》を望むことも可能だ。

ちなみに国土地理院地図では、雄蝶の滝の位置にある滝記号に百間滝とあるが、間違いと思われる。

百間滝の南隣で水を落とす雌蝶の滝（8上）

御嶽山中腹に懸かる直瀑・百間滝。時間をかけても見に行く価値あり（8上）

❶御嶽山6合目の黒沢口駐車場に立つ休憩所とトイレ

❷百間滝方面の入口。ここから、つづら折りの下りになる

❸橋は流失しているので、飛び石伝いに沢を渡ろう

❹迷うことはないが、結構アップダウンが繰り返される

❺涸れ沢に出た。ここが、おおよそコースの中間地点だ

❻分岐の道標が見えてきたら、もう着いたも同然

❼百間滝小屋は、廃業した山小屋で今は廃墟状態

❽小屋先の展望スポット。ここから百間滝を望める

❾仏像などが安置された広場のような場所に出た

❿その側には、あずまやも併設されている

⓫百間滝展望所は、こんな場所。滝群を遠望しよう

⓬百間滝も望めるが、下部が木に隠されるのは残念！

DATA

◆交通アクセス

車：中央自動車道伊那ICから県道、国道361号（権兵衛トンネル）、国道19号、県道、霊峯ライン経由で約58km。6合目に黒沢口駐車場がある。電車・バス：JR中央本線木曽福島駅から御岳ロープウェイ行き木曽町生活交通システム（コミュニティバス）で51分、六合目中の湯下車。※夏期の特定日のみの運行。

◆問い合わせ

木曽町観光協会☎0264-22-4000

6合目の黒沢口駐車場

黒渕の渓谷美と併せて楽しみたい

柿其渓谷 牛ヶ滝

かきぞれけいこく うしがたき

南木曽町

標高590m／落差25m／南南東／徒歩12分（往復22分）／家族連れ

長野・岐阜両県にまたがる奥三界岳《おくさんがいだけ》に発した柿其《かきぞれ》川は、花崗岩《かこうがん》を削って柿其渓谷を生み出している。その下流で、牛ヶ滝となり、さらには黒渕となって、やがては木曽川に合流する。

渓谷には、霧ヶ滝などの複数の滝が懸かるが、最もアクセスがしやすく景観も魅力的なのが、この牛ヶ滝である。

黒渕からは渓谷左岸にのびる桟道を進む。柿其川が刻む渓谷美を楽しみたい（8上）

コースシミュレーション

❶駐車場の奥に渓谷探勝路がのびている。案内板も確認！

❷長さ約35mの「恋路の吊り橋」を渡る。対岸から左の道へ

❸黒渕は、牛ヶ滝とともに見どころの一つだ

❹階段を登ると、あずまやがあり、牛ヶ滝が現れる

❺恋路峠方面に続く道との分岐点を見送る

❻急な階段を下ると観瀑台があり、牛ヶ滝を見下ろせる

南木曽町の国道19号、柿其入口交差点から町道へ。柿其水路橋をくぐった先の三差路は、柿其渓谷の案内標識に従って右折する。やがて、きこりの家の前から右の細い道を下ると、行き止まり地点に無料駐車場とトイレがある。ここが散策の起点だ。

すぐに「恋路《こいじ》の吊り橋」を渡り、対岸から左手にのびる道へ。赤い橋をくぐると、あたりは黒渕と呼ばれ、青々とした深い淵になっている。

渓谷左岸に敷設された桟道を進み、急な階段を上る。あずまや付近からも牛ヶ滝を望むことは可能だが、本当の観瀑ポイントはここではない。さらに進むと、一転して渓谷に急下降する木の階段となり、滝の前に出る。

滝口の岩盤は、樋状に削れ、そこから直下の丸い滝壺に豪快に落水している。

コバルトブルー色を呈する滝壺に向けて花崗岩の岩壁から一直線に落ちる牛ヶ滝（8上）

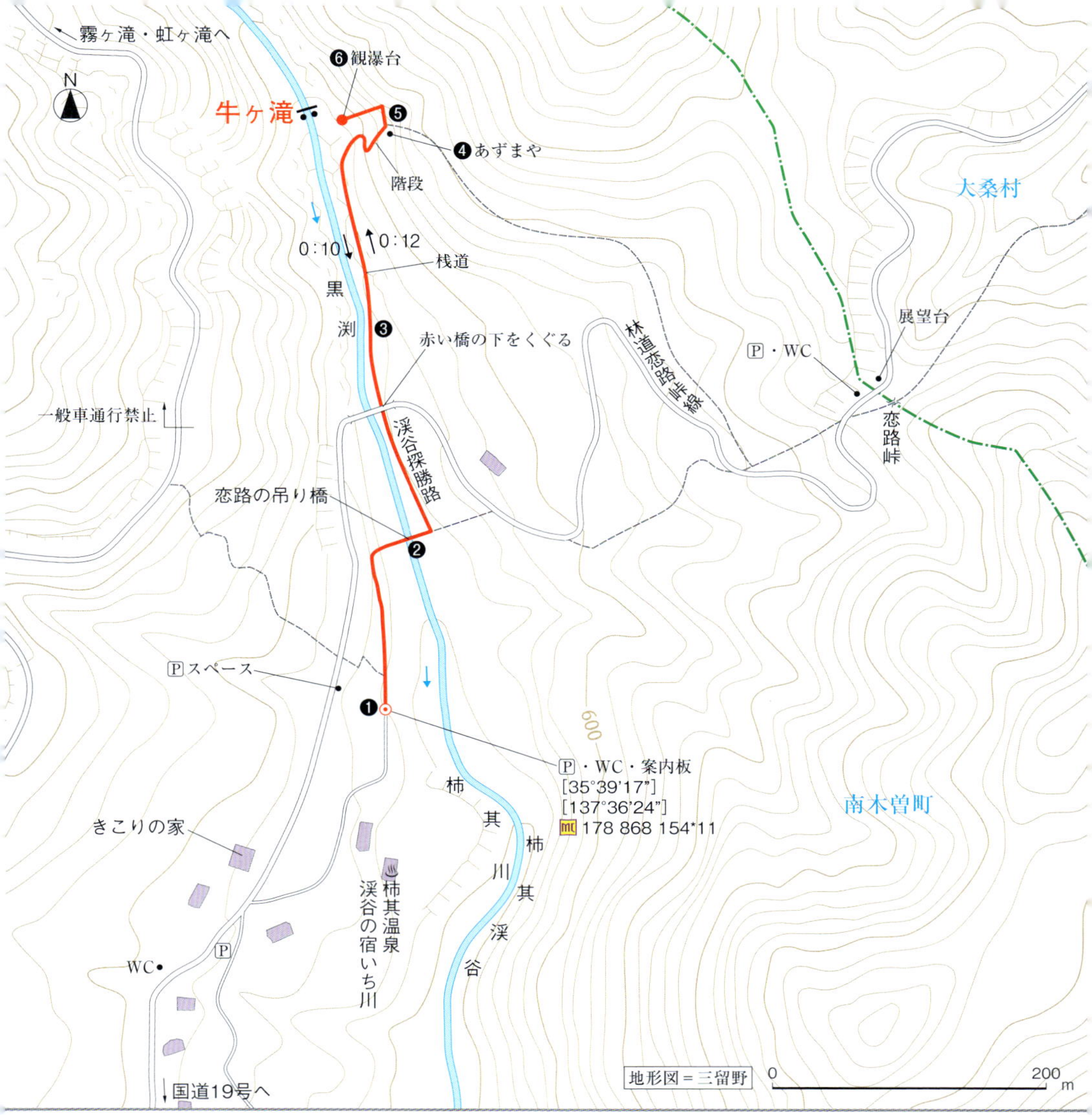

DATA

◆交通アクセス

車：中央自動車道伊那ICから県道、国道361号（権兵衛トンネル）、国道19号、町道経由で約67km。または中央自動車道飯田山本ICから国道153、256、19号、町道経由で約45km。渓谷探勝路入口と手前のきこりの家前に無料駐車場がある。

◆問い合わせ

南木曽町観光協会☎0264-57-2001

渓谷探勝路入口の無料駐車場

明治末期まで入山禁止の滝だった

田立の滝

ただちのたき

日本の滝 百選

南木曽町

天河滝＝標高1155m／落差40m／南西／徒歩1時間10分（往復2時間10分）／一般

緩くカーブを描く花崗岩の岩肌に流れる霧ヶ滝＝11月1日10時47分撮影

田立の滝は、一つの滝ではなく、螺旋《らせん》滝や洗心《せんしん》滝、霧ヶ滝、天河《てんが》滝、不動滝、そうめん滝…等、大滝川に懸かる滝群の総称。古くは、雨乞いの滝として信仰され、神事がある時以外は、誰も入山できない神聖な場所とされていた。一帯の山が、尾張藩の留山《とめやま》（伐採禁止の山）だったことも背景にあるという。

ところが明治末期、当地の宮川勝次郎翁は、これほどの絶景を秘めておくべきではないと、祟《たた》りを恐れる村人の反対を押し切って登山道を整備した。それ以降、田立の滝は全国に広く知られることになる。大正14年には日本百景の一つに選ばれ、昭和25年には長野県立公園にも指定。さらにその後も長野県の名勝と日本の滝百選という栄誉にも輝いている。

国道19号で長野・岐阜県境を目指す。岐阜県に入る手前の田立入口交差点で「田立の滝」の大きな標識に従って右斜めの県道へ。あとは要所要所に立てられた案内標識に従えばよい。国道から７㎞で、コースの起点となる粒栗《つぼくり》駐車場に到着する。

駐車場には、トイレと休憩用あずまやがあり、入口には田立の滝群自然環境整備協力金を求める看板と募金箱が設置され、１人２００円の協力金を求めている。なるべく協力したいところだ。

途中の登山道沿いには、さまざまな樹種が見られ、「もみたろう」「さわら太郎」などのユニークな名前が記された解説板が立っている。

不動岩展望スポットから対岸頭上に不動岩を望み、最初の螺旋滝に立ち寄る（右手に下り、滝まで往復10分）。２段の段瀑だが、上と下の段で流れる向きが変わるので「螺旋」と呼ばれている。

吊り橋を渡ると、ほどなく落差27mの霧ヶ滝だ。岩壁の段差に細かく跳ね返りながら流れる姿が印象的である。

さらに右岸側に敷設された金属製階段を登ると、今日のハイライト・天河滝に到着する。花崗岩の岩肌に2条となって水を落とす姿は、しばし見とれてしまうほど。滝壺まで近づいて迫力ある姿をカメラに収めたいものだ。

この先にも不動滝などの滝が続き、不動岩展望台に上がるプランのほか、そこからさらに林道をしばらく歩き、高層湿原の田立天然公園まで足をのばすことも可能だ。

これらプランの場合もそのまま往路を戻ることになる。林道を下ってしまうと、相当な遠回りになるので注意。

流れの向きが上下で変わる螺旋滝

かつては雨乞いをする神聖な滝だった天河滝＝11月1日11時22分撮影

❶粒栗駐車場の登山道入口。右の建物はトイレ

❷猟師に追い詰められたイノシシが消えた伝説があるしし岩

❸モミの木と「もみたろう」解説板。他樹種の解説もあり

❹不動岩展望スポットから望む巨大な不動岩

❺螺旋滝分岐。ここから下ると5分ほどで螺旋滝に出る

❻短い吊り橋がある。一度に3人以上渡らないこと

❼吊り橋の先で右下に見えてくる洗心滝

❽霧ヶ滝に到着。河原に降りてカメラを向けよう

❾霧ヶ滝右岸側を巻くように続く金属製階段を登る

❿吊り橋の先で桟道に変わると天河滝に着いたも同然

⓫天河滝の姿には感動さえ覚える。しばし観賞したい

⓬さらに上流にある龍ヶ瀬。この写真だけ夏期撮影

DATA

◆アドバイス

天河滝までは1時間ちょっとだが、あくまで登山道。軽装での訪問は控えたい。

◆交通アクセス

車：中央自動車道中津川ICから国道19号、町道経由で約22km。町道終点に観瀑者用の粒栗駐車場（無料）がある。

◆問い合わせ

南木曽町観光協会☎0264-57-2001

観瀑者用の粒栗駐車場

少し離れて落水する田立の滝

うるう滝

うるうたき

南木曽町

標高780m／落差40m／南／徒歩すぐ／家族連れ

うるう滝は、前項で紹介した田立の滝を構成する霧ヶ滝や天河滝とは、1・5kmほど下流側にあり、しかも尾根を隔てた別の支流に懸かっているが、田立の滝群の一つとして数えられる。

その割に田立の滝訪問者の関心は低く、素通りされることも多いようだ。しかし、田立の滝に登る前にちょっと立ち寄れる場所にあるので、併せて訪瀑したい。

アクセスルートは、田立の滝とほぼ同じだ。国道19号の田立入口交差点で「田立の滝」の大きな標識に従って右斜めの県道へ。あとは、しばらく「田立の滝」の案内標識に従えばよい。交差点から約6km先の丁字路で、「うるう滝」の標識に従って右折(左折すれば、田立の滝)。その300m先に滝の看板と1~2台分の駐車スペースが見えてくる。

見上げれば、すぐ奥に滝が懸かり、滝まで細い小径《こみち》が続いている。

岩の隙間で左右に流れの向きを変えながら白水が軌跡を描いており、緑の時期も悪くないが、11月上旬の紅葉シーズンには、岩壁上部の木々が赤や黄色に染まり、まるで一幅の絵のようだ。

田立の滝が完全な登山コースであるのに対して、うるう滝は車を降りて1分もかからないので、ファミリーでも容易に訪問できる。天河滝と比較すれば知名度は今ひとつだが、手軽に見られる田立の滝として考えれば、お勧めの美瀑といえるかもしれない。

なお、P52のコラムにうるう滝が太陽に照らし出される時刻ごとのシミュレーション画像を掲載した。

入口の駐車スペース

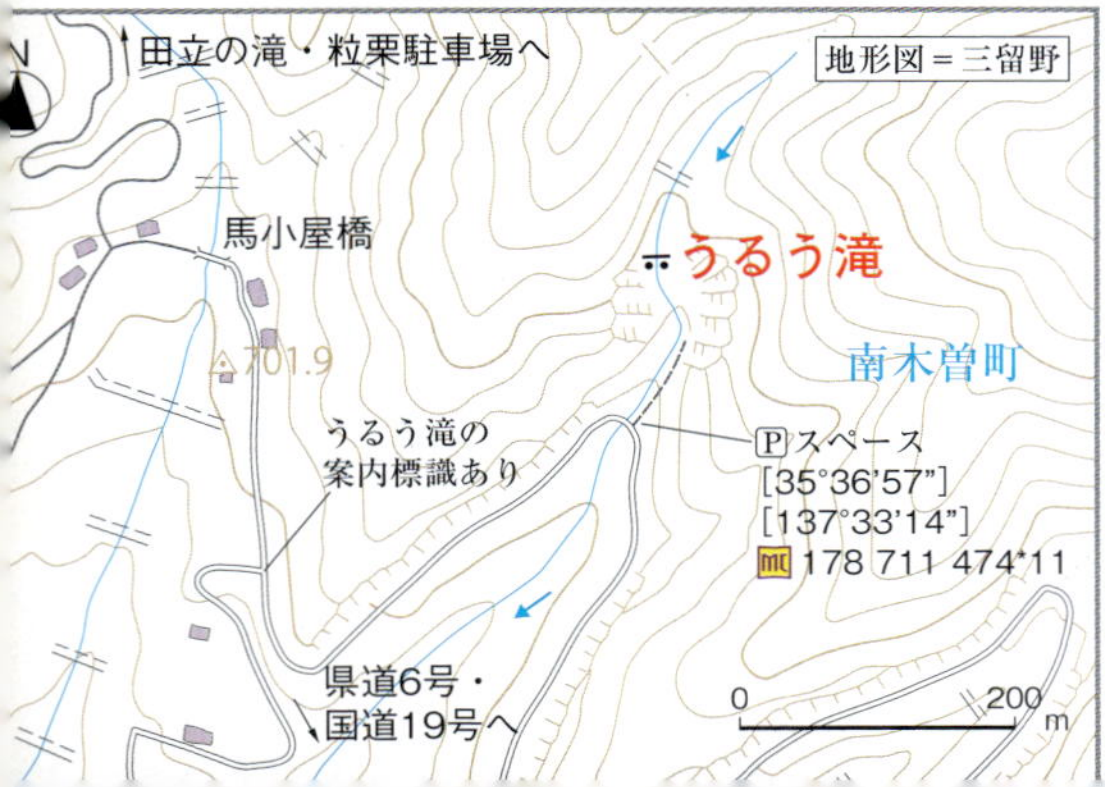

DATA

◆アドバイス

同じ南木曽町には、次項の男滝・女滝もあり、併せて訪問できる滝として手頃。

◆交通アクセス

車：中央自動車道中津川ICから国道19号、町道経由で約21km。入口に駐車スペースがある。

◆問い合わせ

南木曽町観光協会☎0264-57-2001

紅葉シーズンのうるう滝は、青空を背景に輝いていた＝11月1日12時42分撮影

吉川英治『宮本武蔵』にも登場する

男滝・女滝

おだき／めだき

南木曽町

男滝＝標高595m／落差10m／北。女滝＝標高595m／落差8m／北。徒歩6分／家族連れ

男埵沢に懸かかる男滝＝5月13日10時7分撮影

旧中山道が通る妻籠《つまご》宿と馬《ま》籠《ごめ》峠の中ほどに並ぶ二つの滝。吉川英治著『宮本武蔵』にも舞台として登場し、また古くから当地に伝わる倉科《くらしな》様伝説では、金の鶏が舞い込んだ滝として語られる。

　とりあえず国道256号で南木曽町の妻籠宿を目指し、その手前で妻籠大橋を渡って県道7号を南下する。下り谷地区で県道がぐねぐねと左右に何度か曲がった先。「男滝・女滝」の大きな案内標識が前方左手に見えてくる。

　通常は、ここの駐車スペースに車を置くことになるが、その手前から左手の細い脇道（入口に立つ滝下バス停が目印）に入ると、滝の下流側入口まで車で乗り付けることも可能だ。付近の路肩に駐車スペースとトイレがあるが、ただ道は狭い。

　県道沿いの駐車スペースから道標に導かれて小径《こみち》を下ると、手前に女滝、奥に男滝がある。どちらも規模は大きくないが、水量は豊富。それぞれ違う沢に懸かっており、すぐに合流して男埵《おだる》川となり、やがて妻籠宿の先で木曽川に流れ込んでいる。

　幕末の頃まで、中山道はこの滝の下を通っていたとされ、当時は、旅人の憩いの場でもあったのだろう。

一石沢に懸かる女滝（5中）

駐車スペースから小径を下る

DATA

◆アドバイス

妻籠宿からスタートして男滝・女滝を観瀑後、馬籠宿に向けて中山道を歩いてもよい。

◆交通アクセス

車：中央自動車道飯田山本ICから国道153、256号、県道経由で約33km。県道沿いに駐車スペース。電車・バス：JR中央本線南木曽駅から馬籠行き南木曽町地域バスで17分、男だる滝下車。

◆問い合わせ

妻籠観光協会観光案内所☎0264-57-3123

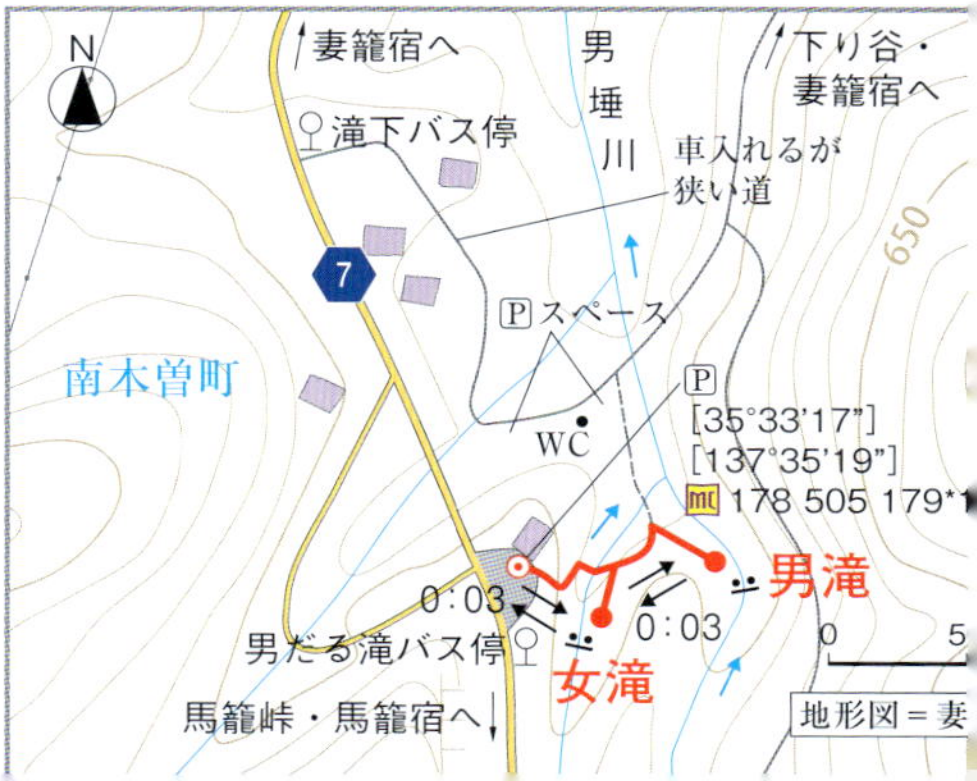

シャッタースピードを変えた時の水流の写り方変化

1/100秒

1/50秒

1/10秒

1/2.5秒

1秒

3秒

6秒

20秒

1/100秒から20秒までシャッタースピードを少しずつ変えて渓流を撮影してみた。1秒以上のスローシャッターでは必要に応じてND8もしくはND32フィルターを使用。水流のスピードにもよるが、3秒以上になると写り方に極端な違いはないことがわかる。1秒くらいのスローシャッターでも、水流は、そこそこ幻想的な雰囲気になる。

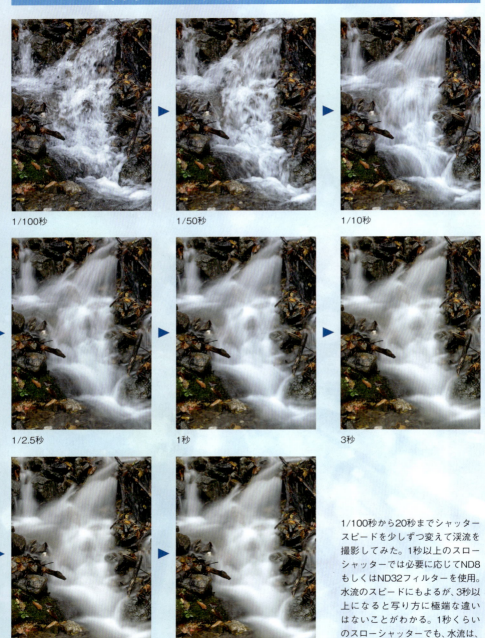

Column シャッタースピードを変えると滝の表情も変わってくる

シャッタースピードを変えていつもの写真にひと工夫

デジタルカメラの設定感度を高めにして、数千分の１秒という高速シャッターを切れば、水しぶきのひとつひとつが、空中の１点に止まっているかのように写すこともできる。太陽光線が当たっている明るい環境下では、高速シャッターを切りやすいので、そんな撮影方法もお勧めだ。この例としては、P91「田立の滝、天河滝」やP135「世立八滝・仙の滝」の写真などが該当する。

逆にカメラを三脚に固定して数秒のスローシャッターを切れば、水流を幻想的に写し出すことも可能だ。この例としてはP18「電滝」やP40「唐沢の滝」の写真などが該当する。

手動シャッターの切り方。レンズ前を黒紙かサンシェードで覆ってから、レリーズでシャッターを開放にする（上）→黒紙を下げて数秒の露光（下）→シャッターを閉じる時は逆の動作をする

しかし、露光時間を長くすればするほど、より幻想的になるわけではない。好みにもよるが、１～２秒でも十分だし、せいぜい５秒くらいまでだろう。それより長くしても撮影に時間を要する割に、写り方に大きな変化はない。

当然、感度はISO100か、それ以下の低めに設定し、レンズも絞り込む必要があるが、晴天時はそれでも低速にならないことがあるので、その場合は、ND8やND16など、複数の減光用NDフィルターを用意して、現場の明るさによって使い分ける。

手動シャッターで滝を撮る

このような数秒程度のスローシャッターで撮影する時。そのままシャッターボタンを押すよりもタイマーを使う方が、ブレにくい。記念撮影のように10秒もタイマーを設定する必要はなく、時間の指定ができれば３～５秒くらいで十分だ。

しかし、それでもわずかなブレが生じることがある。足に滝の振動が伝わってくるような場所では、当然、ブレやすい。展望台のような人工施設よりも地面に直接三脚を立てる方が、より確実だ。ただし、貧弱な三脚では、やはりブレやすくなる。

完全にブレを抑えるためには、手動シャッターもお勧めである。カメラのシャッタースピードを「バルブ」に設定し、レンズの前を黒い紙で覆い、レリーズでシャッターを開放にした上で、レンズ前の黒紙を下げて露光。所定の時間が経過したら、再びレンズを黒紙でふさいで、レリーズでシャッターを閉じる。そうすれば、シャッターの開け閉めに伴う振動が、露光中に一切発生しないので、ブレがまったくない写真が撮れる。

シャッター代わりの黒紙は、厚紙に黒ケント紙を貼り付けて自作してもいいし、市販のサンシェードを代用してもいい。

水流がさわやかな印象

蓼科高原

蓼科大滝

たてしなこうげん たてしなおおたき

茅野市

標高1330m／落差3m／北北西／徒歩10分／家族連れ

蓼科高原の滝ノ湯川に水を落とす小規模な滝だが、緑が深い時期に行くと、実にさわやかな姿で迎えてくれる。大滝というほど大きくないので本書に掲載すべきか迷ったが、その割に見応えがあり、紹介することにした。

諏訪ＩＣから国道１５２号とビーナスライン（県道１９２号）で蓼科高原のプール平

に向かう。蓼科温泉共同浴場近くに無料駐車場があるので、ここに車を置こう。駐車場に立つ案内板で滝の位置を確認。トイレの前を通り、突き当たりを右折する。車がギリギリ通れるくらいの道は、じきに遊歩道に変わり、渓谷に向けて緩く下って行く。

再び案内板が立つ三差路があり、ここは直進気味に右の道へ。岩や木の根が絡まるコケの森の中を進むと、あずまやが見えてきて、その奥に蓼科大滝が懸かっている。

落差は目測で3mほどしかないが、岩の凹凸により流身に複雑な模様が生じ、絶妙な調和を見せている。森の緑との対比も素晴らしい。

帰路は往路をそのまま戻るが、つづら折りの遊歩道をたどると親湯《しんゆ》に続く道路に出るので、道路を歩いて駐車場に戻ることも可能だ。

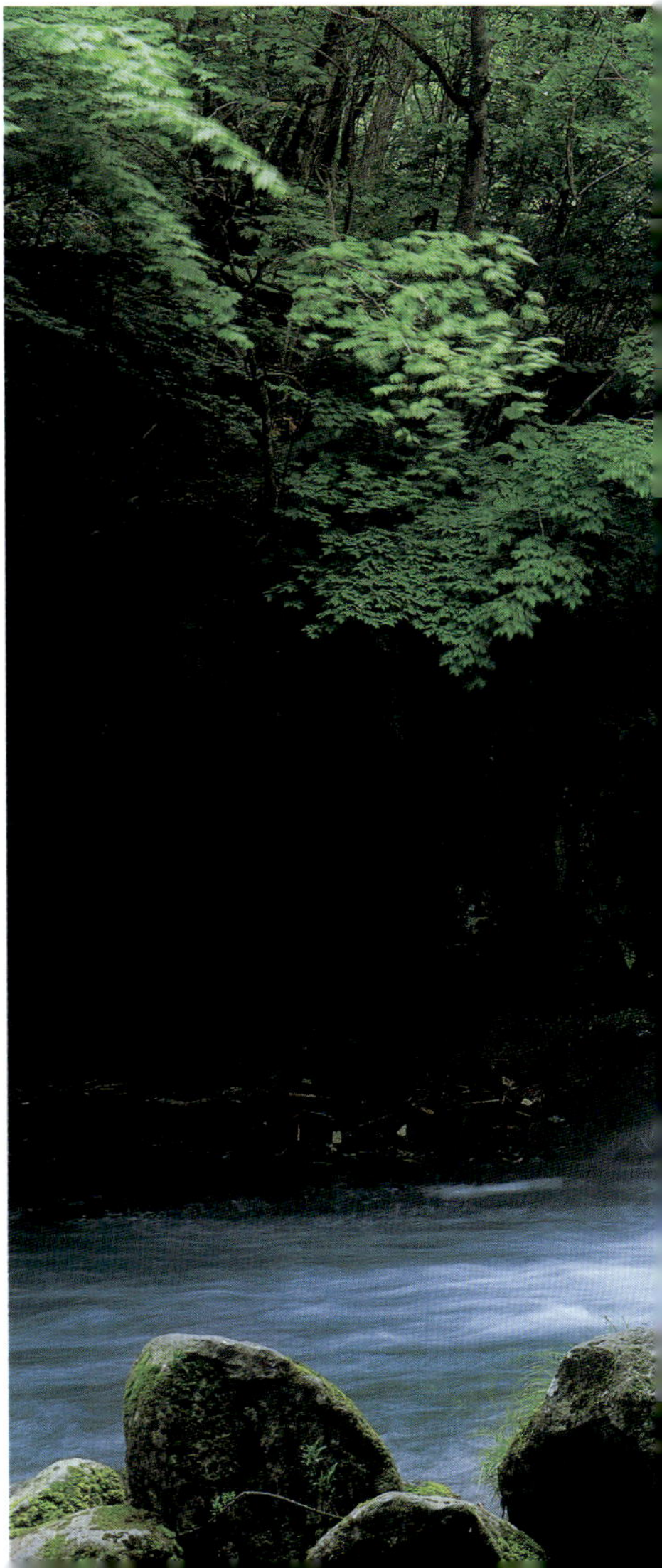

小さな滝の割には、水量も多くて見応えがある（6下）

プール平の駐車場（10下）

DATA

◆コース概略

さらに近い場所にある駐車場を起点にすることも可能（地図参照）。

◆交通アクセス

車：中央自動車道諏訪ICから国道20、152号、県道経由で約17km。プール平に無料駐車場がある。電車・バス：JR中央本線茅野駅から北八ヶ岳ロープウェイ行きアルピコ交通バスで36分、プール平下車。

◆問い合わせ

蓼科観光協会☎0266-67-2222

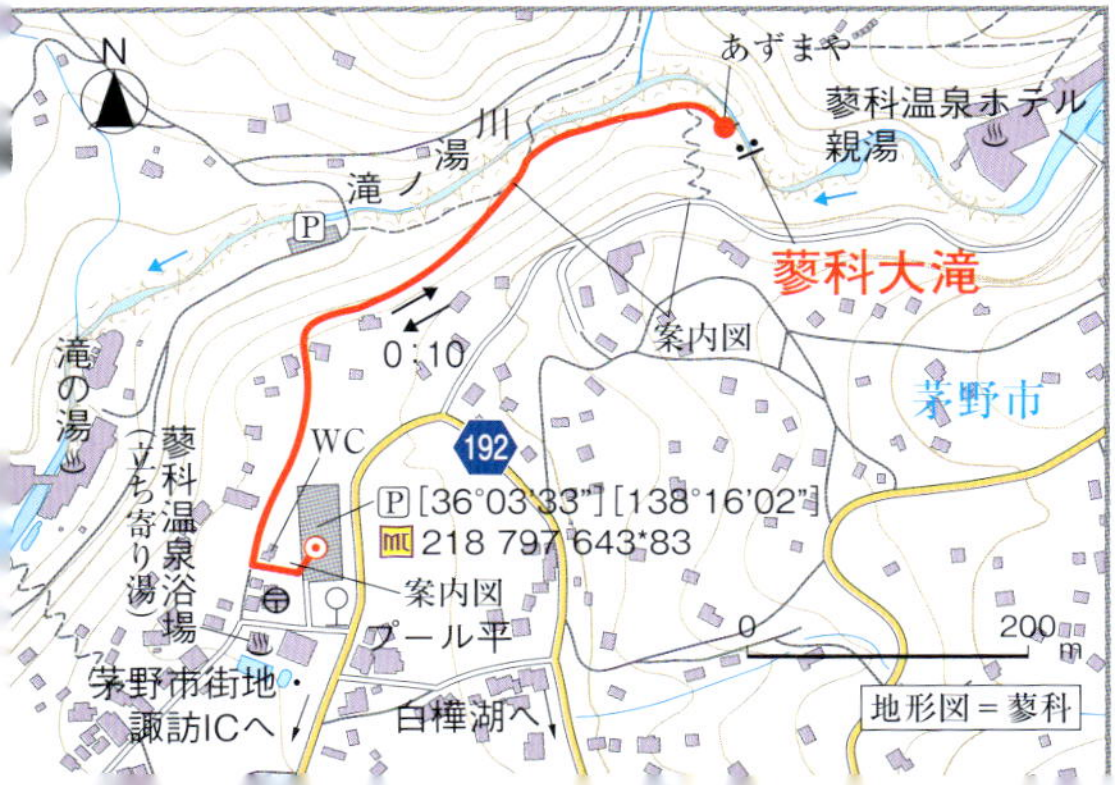

チャツボミゴケが生育する

蓼科中央高原・横谷峡

おしどり隠しの滝

たてしなちゅうおうこうげん・よこやきょう おしどりかくしのたき

茅野市

標高1495m／全長50m／南西／徒歩6分（往復13分）／家族連れ

蓼科中央高原の横谷峡には、乙女滝（P106）など複数の滝が懸かっているが、そのうち最も上流側にあるのが、おしどり隠しの滝である。

実に個性的な名前だが、その昔、猟師がオシドリを何度も狙ったのに滝に隠れて射止めることができなかったことに由来するそうだ。

横谷峡の主要入口があるメルヘン街道（国道299号）ではなく、渋の湯に続く県道191号を東進して奥蓼科温泉郷を目指す。

滝は、明治温泉旅館わきに流れているが、車の進入不可なので御射鹿《みしゃか》池の先に新しく整備された無料駐車場に車を置き、徒歩で向かう。その途中、眼下に滝を望めるが、宿の前から階段で渓谷に下りればすぐなので足をのばそう。

北八ヶ岳に発した渋川がつくり出す渓流瀑で、岩盤は赤褐色を呈し、その凹凸に沿って滑《なめ》るように流れている。滝の前に立っても全貌はわからないが、上流に向けて50mも続いているらしい。

また岩の表面にはチャツボミゴケという酸性の温泉水を好む珍しい苔が生えており、秋は目立たないが、夏は滝全体が緑色に見えるほどで、この時期の観瀑もお勧め。

御射鹿池の無料駐車場

明治温泉旅館。写真左手に下る

DATA

◆アドバイス
横谷峡入口から乙女滝や王滝を見て、さらに本瀑まで足をのばすことも可能。

◆交通アクセス
車：中央自動車道諏訪ICから国道20、152号、県道経由で約18km。御射鹿池先に無料駐車場がある。電車・バス：JR中央本線茅野駅から渋の湯行きアルピコ交通バスで41分、明治温泉入口下車。

◆問い合わせ
蓼科中央高原観光協会☎0266-67-4860

階段状の岩盤が、見事な渓流瀑を作り出す（10下）

横谷峡の王様のような滝

蓼科中央高原・横谷峡

王滝

たてしなちゅうおうこうげん・よこやきょう　おうたき

茅野市

標高1420m／落差12m?／北東／徒歩10分（往復25分）／家族連れ

横谷峡を代表する滝といえば、やはり王滝だろう。名前の通り、横谷峡滝群の「王」と呼びたいほどの風格だ。

横谷峡入口からも入れるが、王滝だけを目指すのであれば、横谷観音入口の駐車場を起点にする方が近い。ただ、渓谷に下って、帰路は再び登り返すことになるので、少々体力を要することになる。

横谷観音から何度か分岐を曲がると、王滝観瀑台に到着。前方に見える王滝は、水量が多いときは5条もの白水となって、赤褐色の岩壁上を滑り落ち、一番右側だけ、中ほどの岩に当たって内側に向きを変えている。

かつては左岸側にも観瀑ポイントがあり、滝を間近に見ることもできたが（左下写真）、橋が流失したため、現在は行くことはできない。

ところで落差は資料によりいろいろ。40m説や50m説もあるが、現地での目測や国土地理院地図の等高線から考えると、大きすぎる数字である。というのも王滝付近だけ渋川の流れがZ状に曲がっていて、それと現地景観との対比から矛盾する。おそらく12mくらいではないか。すぐ下の段も含めても最大で20m程度と推測する。

横谷観音入口駐車場（10中）

左岸側から見た王滝（6下）

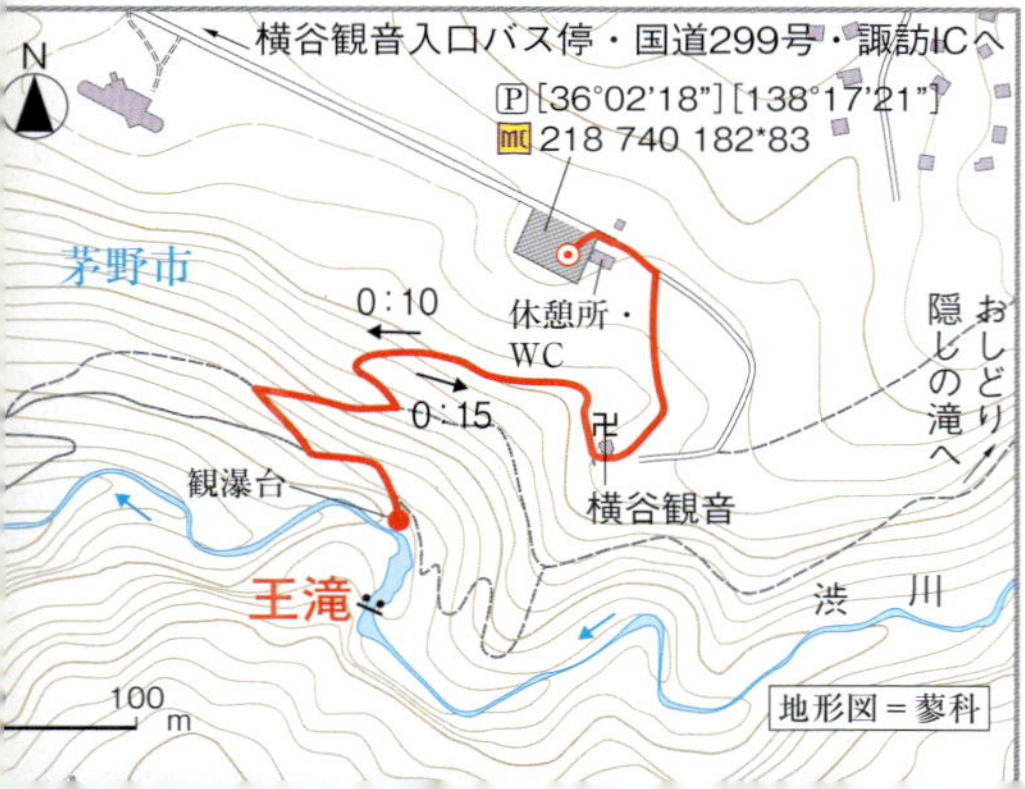

DATA

◆交通アクセス

車：中央自動車道諏訪ICから国道20、152、299号、市道経由で約20km。横谷観音入口に無料駐車場がある。電車・バス：JR中央本線茅野駅から麦草峠行きアルピコ交通バス、またはメルヘン街道バスで40～44分、横谷観音入口下車。駐車場まで徒歩6分。

◆問い合わせ

蓼科中央高原観光協会☎0266-67-4860

5条の流れとなって落ちる王滝。右岸側の観瀑台から（6下）

実は用水路から落ちている!?

蓼科中央高原・横谷峡

乙女滝

たてしなちゅうおうこうげん・よこやきょう　おとめだき

茅野市

標高1230m／落差15m?／南南西／徒歩7分／家族連れ

茅野市の行政サイトに「茅野の偉人」として紹介されている坂本養川《さかもとようせん》は、江戸時代中期から後期にかけて水不足に悩む八ヶ岳山麓の村々のために「繰越堰《くりこしせぎ》」と呼ばれる形態の農業用水路を作った人物。

比較的水量が多い滝ノ湯川から取水して、水不足にあえぐ南の村に向けて2本の用水路が作られ、その一つ、大河原堰の途中で水を落としているのが、乙女滝である。

つまり、江戸時代以前はなかった人工の滝なのだ。しかし、それを知った上で滝を見れば、先人の偉業に敬服し、滝の景観にとどまらない別の感動も覚えるに違いない。

メルヘン街道（国道299号）から少し入ったところに無料駐車場があり、横谷温泉旅館に向けて車道を歩き、案内標識に従って右手の小径を下ると見えてくる。

横谷峡の最下流に位置し、名前から想像するイメージに反して、断崖から豪快に水を落とす雄滝である。

ちなみに滝に関わる伝説には、悲劇的なものが多いが、乙女滝の伝説は、珍しくハッピーエンドで終わっている。

渓谷を奥に進むと霧降の滝があり、その上流には冬期に見に行きたい氷瀑群もある。

DATA

◆取材メモ

国土地理院地図の等高線から読むと、下部の渓流部分を除けば、落差は15mほどと想像される。

◆交通アクセス

車：中央自動車道諏訪ICから国道20、152、299号、市道経由で約15km。横谷峡入口に無料駐車場がある。電車・バス：JR中央本線茅野駅から麦草峠行きアルピコ交通バス、またはメルヘン街道バスで29～33分、横谷峡入口下車。

◆問い合わせ

蓼科中央高原観光協会☎0266-67-4860

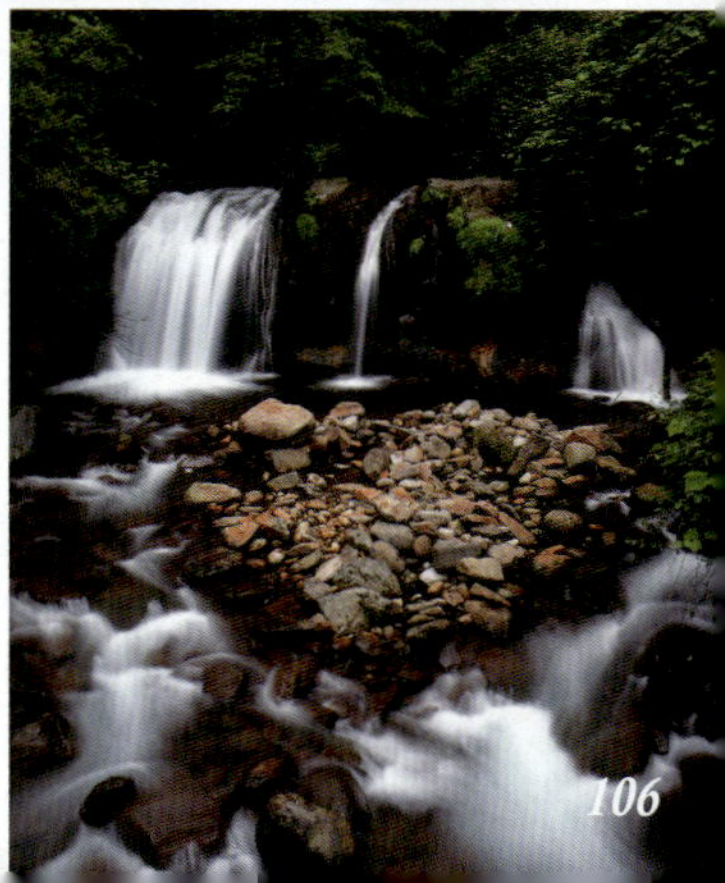

霧降の滝前には、橋があるので撮影は容易（右）。屏風岩氷瀑群付近の渓流（上）。どちらも酸化鉄に由来するのか、赤褐色をした岩肌が特徴。屏風岩氷瀑群の見ごろは12月下旬～3月下旬

大河原堰の途中に懸かる乙女滝。人工滝であっても、見に行く価値はある（6下）

渓谷美も併せて楽しみたい

横川渓谷

三級の滝

よこかわけいこく さんきゅうのたき

辰野町

標高1140m／落差20m?／北西／徒歩1時間5分（往復2時間5分）／家族連れ

途中の林道で見かけた、きれいな渓流（11上）

109 それぞれ一の滝、二の滝、三の滝と呼ぶ３段の滝からなる三級の滝（11上）

中央アルプス北端にそびえる経ヶ岳《きょうがたけ》や黒沢山などから水を集めて流れる横川渓谷の支流・黒沢に懸かる。

国道153号から県道201号を進むと、やがて蛇石《じゃいし》キャンプ場に着く。この蛇石とは、近くの河原にある国の天然記念物「横川の蛇石」のことで、閃緑岩《せんりょくがん》の岩脈に石英脈が等間隔で入り、まるで蛇腹のように見えることから名付けられたもの。時間があれば、河原に降りて見学したい。

この先はゲートがあって一般車通行禁止。駐車場に車を置いて徒歩で向かう。40分ほど横川坊主林道を歩くが、秋は林道から見下ろす渓谷の紅葉も見事。時にはニホンカモシカと遭遇することもあり、淡々とこなしたい。

途中で三度、林道の支線を左右に分けると、「三級の滝」と「経ヶ岳黒沢谷登山道」の標識が見えてくる。黒沢橋を渡って、しばらく林道が続くが、簡易トイレがある場所から次第に道は狭くなる。

黒沢谷の渓流を右下に見ながら、上流へと向かう。秋にはたっぷりと落ち葉が降り積もり、渓流の風情もいい。

木の橋を2度渡り、さらに登ると岩穴に三級龍神のさい銭箱と滝の解説板を見て、その先に三級の滝が現れる。

3段の段瀑で、かつては滝の前に木橋があったが、現在はなく、遊歩道末端の観瀑台から眺めるしかない。

落差50mともいわれるが、そうすると1段あたり平均16mということになり、とてもそれほどの規模の滝には見えない。せいぜい合計で20～25mくらいではないか。

木曾義仲が滝の水を飲用水として使っていたとか、いろいろな伝説が残っている。

コースシミュレーション

❶ゲートを越えて、横川坊主林道を上流へ進む

❷林道途中にある作業小屋。ゲート～黒沢橋の中間地点だ

❸黒沢橋に着いた。標識に従って橋を渡ろう

❹簡易トイレがある場所。少し上がると、あとは緩やか

❺木橋で黒沢を渡る。左岸から右岸へ。右岸から左岸へ

❻ここが観瀑台。三級の滝を存分に楽しみたい

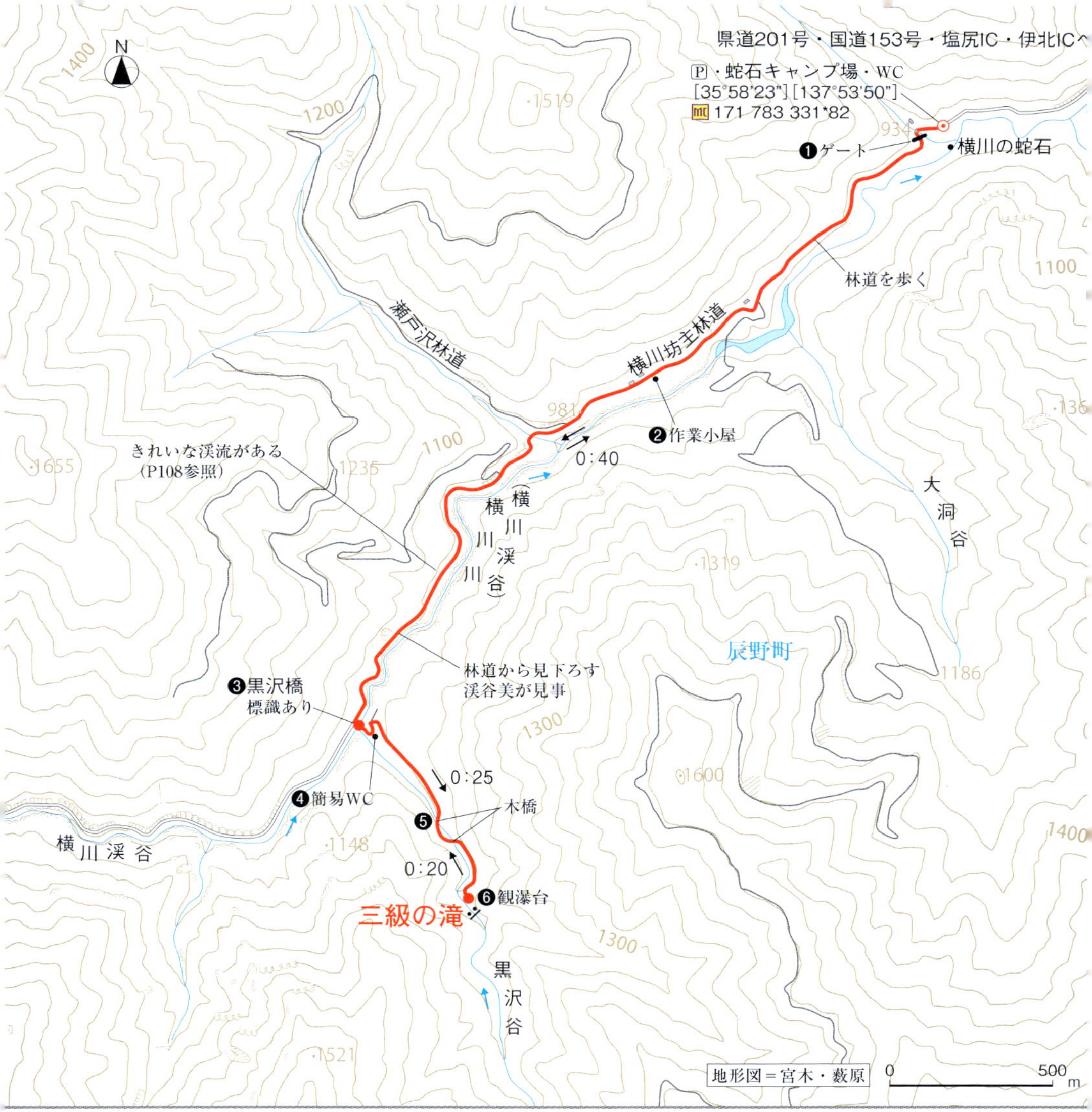

DATA

◆**コース概略**

ほとんど平坦な林道歩きなので、気軽に散策できる。山道は、最後の500mだけ。

◆**交通アクセス**

車：長野自動車道塩尻ICから国道20、153号、県道、町道経由で約24km。または中央自動車道伊北ICから国道153号、県道、町道経由で約18km。蛇石キャンプ場に無料駐車場がある。

◆**問い合わせ**

辰野町観光協会☎0266-41-1111

蛇石キャンプ場の無料駐車場

本高森山中腹に知られる

不動滝

ふどうたき

高森町

標高1105m／落差50m／南東／徒歩5分／家族連れ

　町名の由来になった本高森《ほんたかもり》山《やま》から流れ出す千水《ひみず》の沢に懸かる滝。山麓にある瑠璃《るり》寺を開創した比叡山竹林院の観誉《かんよ》僧都《そうず》も、この滝を見て感激し、不動明王像を祀ったとされる。その石像は今でも滝の左岸岩壁に置かれている。また瑠璃寺の青獅子を供えて雨乞いを祈願したところ、願いがかなえられたという。

　中央自動車道松川ＩＣから県道15号を南下。高森町に入ったあたりで右折してハーモニックロードを経由してもよい。いずれにしても大島川沿いに上がっていくと、観瀑者用の駐車場とトイレがある。

　車止めがあり、ここからは徒歩になるが、無料休憩所・売店（8月中旬のみ）の不動滝ギャラリーを見送ると、滝が見えてくる。

　花崗岩《かこうがん》の岩壁に二つ、三つ白水がかかり、上部は緩くカーブしてまだまだ奥に続いている。下部だけ見ると、あまり高くないようにも見えるが、上部も含めれば結構な落差になるかもしれない。

　滝口が明瞭ではない滝の場合、どこが滝の始点なのか基準が曖昧で、本瀑もそういう視点で考えると、正確な落差はよくわからないが、ここでは現地解説板に従った。

観瀑者用駐車場

不動滝ギャラリー

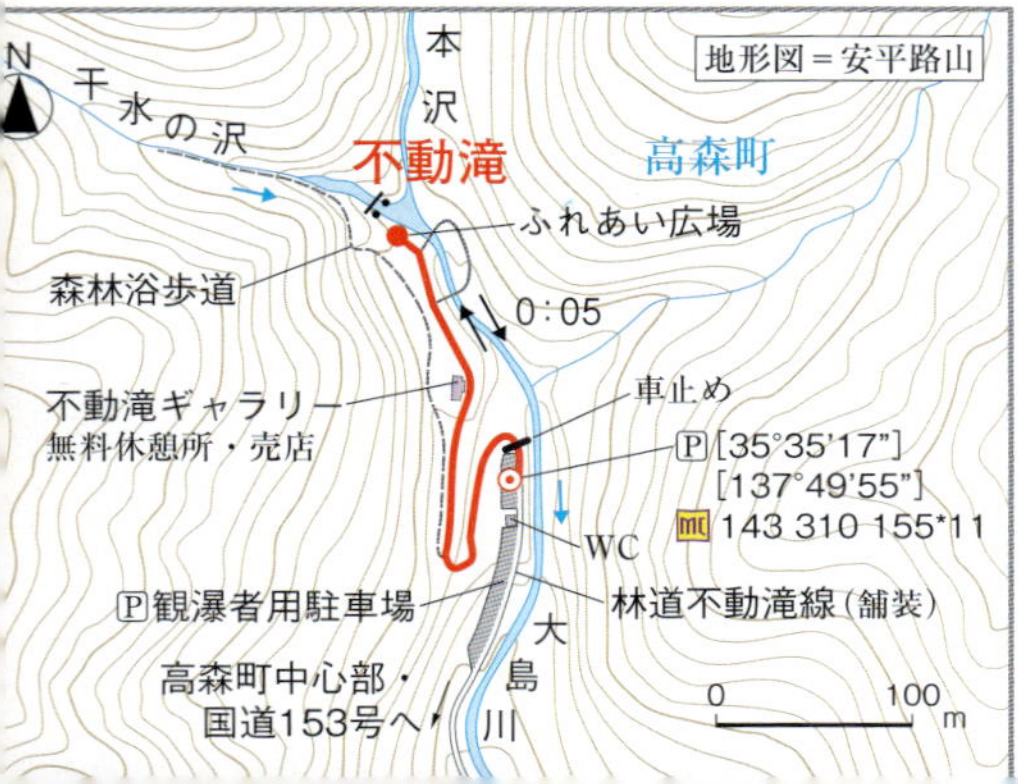

DATA

◆取材メモ

瑠璃寺には、源頼朝が寄進した枝垂れ桜（県の天然記念物）があり、例年4月中旬には満開となる。

◆交通アクセス

車：中央自動車道松川ICから県道、ハーモニックロード、林道不動滝線（舗装）経由で約12km。観瀑者用駐車場（無料）がある。

◆問い合わせ

高森町産業課商工林務係☎0265-35-9405

名刹・瑠璃寺とゆかりがある不動滝（8上）

四徳川に並ぶ三つの滝

桑原の滝

くわばらのたき

中川村

一の滝＝標高705m／落差15m?／南／徒歩10分（二の滝含めて一巡30分）／家族連れ

　中央自動車道松川ＩＣから県道59号で小渋《こしぶ》湖へ向かい、四徳《しとく》大橋を渡る手前の交差点を左折して県道２１０号を北上する。交差点から２・８㎞ほどで左手に駐車場がある。奥に案内板が立っているだけなので、よく注意したい。

　また、さらに県道を５００ｍほど進んだ場所にも滝に下る小径がある。標識はないが、カーブミラーと二つの大きな岩が目印。前者は、おおむねアップダウンが少なくて歩きやすい道。後者は急な下り坂だが、時間的には早い。

　桑原の滝は、四徳川に懸かる三つの滝から構成され、下流側から一の滝、二の滝、三の滝と名付けられている。このうち遊歩道は、一の滝と二の滝のみを結んでおり、三の滝は県道から見下ろすことしかできない。

　駐車場からスタート。はしごを下り橋を渡る。さらに遊歩道を進むと、分岐左手に小滝があり、一の滝まではすぐ。白と黒の模様がおもしろい岩盤上を左右に広がるように水を落としている。

　さらに二の滝へ向かってもよいが、筆者取材時は道の途中で斜面が崩れていた。通行できないことはないが、無理はやめよう。

桑原の滝・一の滝。岩質が異なるのか、岩肌には白黒の模様がある（8上）

DATA

◆アドバイス

500m先入口から入る場合、岩の手前側から入り、5m先で左に下ること。ここを直進すると道なし。

◆交通アクセス

車：中央自動車道松川ICから県道経由で約15km。入口に観瀑者用駐車場（無料）がある。

◆問い合わせ

中川村観光協会☎0265-88-3001

鹿塩温泉の近くで落水する

樽本の滝

たるもとのたき

大鹿村

標高840m／落差10m／北／徒歩2分／家族連れ

大鹿村といえば、国選択無形文化財の大鹿歌舞伎でも有名だが、鹿塩《かしお》温泉も特筆すべき場所である。海から離れた南アルプスの山麓なのに、海水に匹敵する塩分濃度の塩水が湧き出しており、明治初期には製塩業が営まれていたほどだという。

その昔、平家の落人《おちゅうど》が、塩不足に困り、山々を探し歩いたが、疲れ果てて寝てしまった。すると夢の中に弘法大師が現れて、傍らの岩陰を指さした。目が覚めて、そこを掘ってみると、塩の泉が湧き出した——。

そんな伝説が残る鹿塩温泉近くにあるのが、樽本の滝だ。中央自動車道松川ＩＣから小渋湖を経由して大鹿村へ。あるいは遠回りだが、伊那ＩＣからゼロ磁場で有名な分杭《ぶんぐい》峠を経由するルートもある。

鹿塩温泉から村道を奥に進むと、ガードレールの隙間に立つ滝の案内看板が目にとまる。手前路肩か、１００ｍ先の駐車スペースに車を置き、案内標識に導かれて小径を下る。ほどなく柵で囲まれた観瀑台に到着する。

落差は10ｍほどと大きくはないが、巨岩の隙間で流れの向きを変えて落水する姿は、なかなかのものだ。

規模は小さいが、豪快な音を立てて落ちている（8上）

DATA

◆交通アクセス

車：中央自動車道松川ICから県道、国道152号、村道経由で約22km。入口の前後に駐車スペースがある。電車・バス：JR飯田線伊那大島駅から最寄りの鹿塩バス停までの路線バス（伊那バス大鹿線）もあるが、バス停から徒歩約30分もかかる上に便数少なく現実的ではない。

◆問い合わせ

大鹿村産業建設課☎0265-39-2001

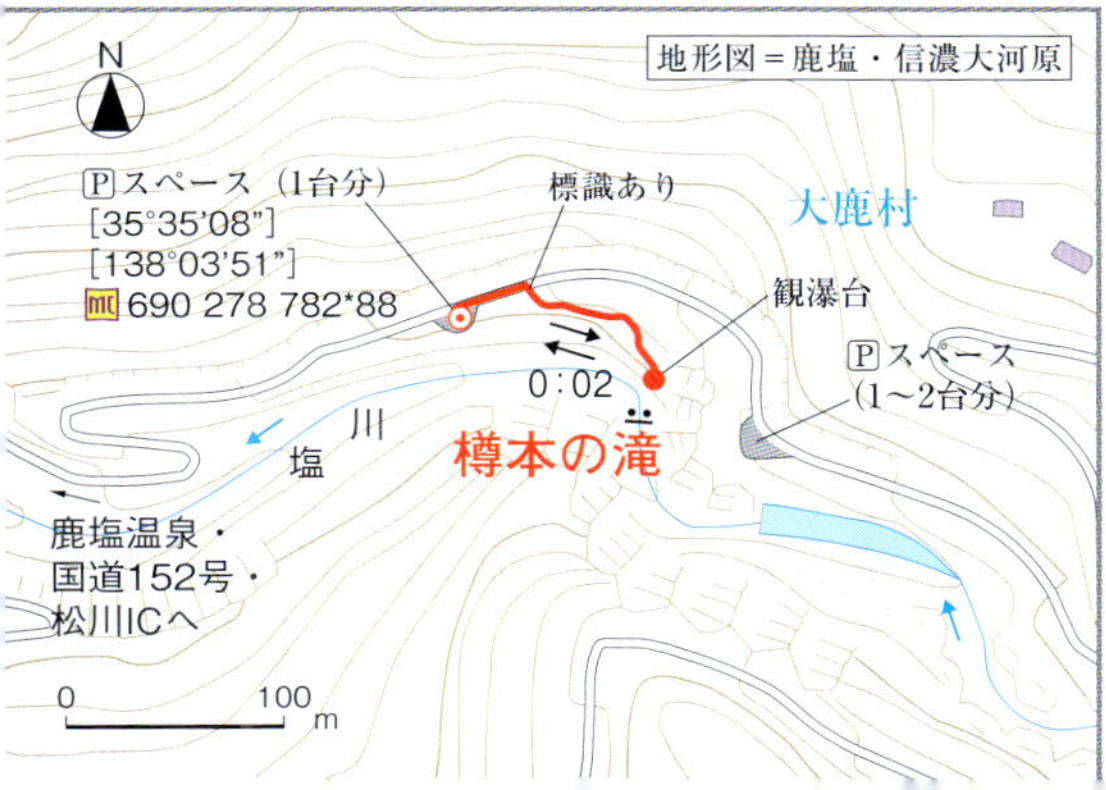

渓谷の最上流部に懸かる滝

万古渓谷

唐沢の滝

まんごけいこく からさわのたき

飯田市

標高770m／落差20m／西／徒歩3分／家族連れ

天竜奥三河国定公園の万古渓谷は、天竜川の支流・万古川の上流にある。この渓谷は、飯田市と泰阜《やすおか》村にまたがり、その最上流部に位置するのが、唐沢の滝である。ただ、下流の泰阜側からは滝まで道路が通じていないので、飯田市方面からアクセスする。

三遠南信自動車道天龍峡ICから飯田市千代地区へ向かう。飯田市千代自治振興センターを過ぎ、さらに県道で南下した法全寺集落から林道千遠線（全線舗装）に入れば、約8km先で白いガードレールの唐沢橋に達する。橋を渡ったところに駐車スペースと案内標識が立つ滝の入口がある。

小径《こみち》を下れば3分ほどで、唐沢の滝に迎えられる。落差は30mとする資料が多いが、筆者の目測では20mくらいと推定した。どちらにしても途中の凹凸に当たりながらも、直瀑気味に岩のくぼみに落下し、最後に短い流れとなって滝壺に流れ込んでいる。

さらにその下流では、花崗岩の岩と砂が堆積した緩やかな渓流となり、水の流れは透き通り、水面はキラキラと輝いている。夏場であれば、裸足になって水遊びに興じたい雰囲気。ファミリーにもお勧めである。

DATA

◆取材メモ

万古渓谷は、泰阜村側の二軒屋キャンプ場などを起点とする沢歩きコースとしても知られる。

◆交通アクセス

車：三遠南信自動車道天龍峡ICから県道、市道、林道千遠線（舗装）経由で約16km。入口に駐車スペースがある。

◆問い合わせ

飯田市観光課☎0265-22-4852

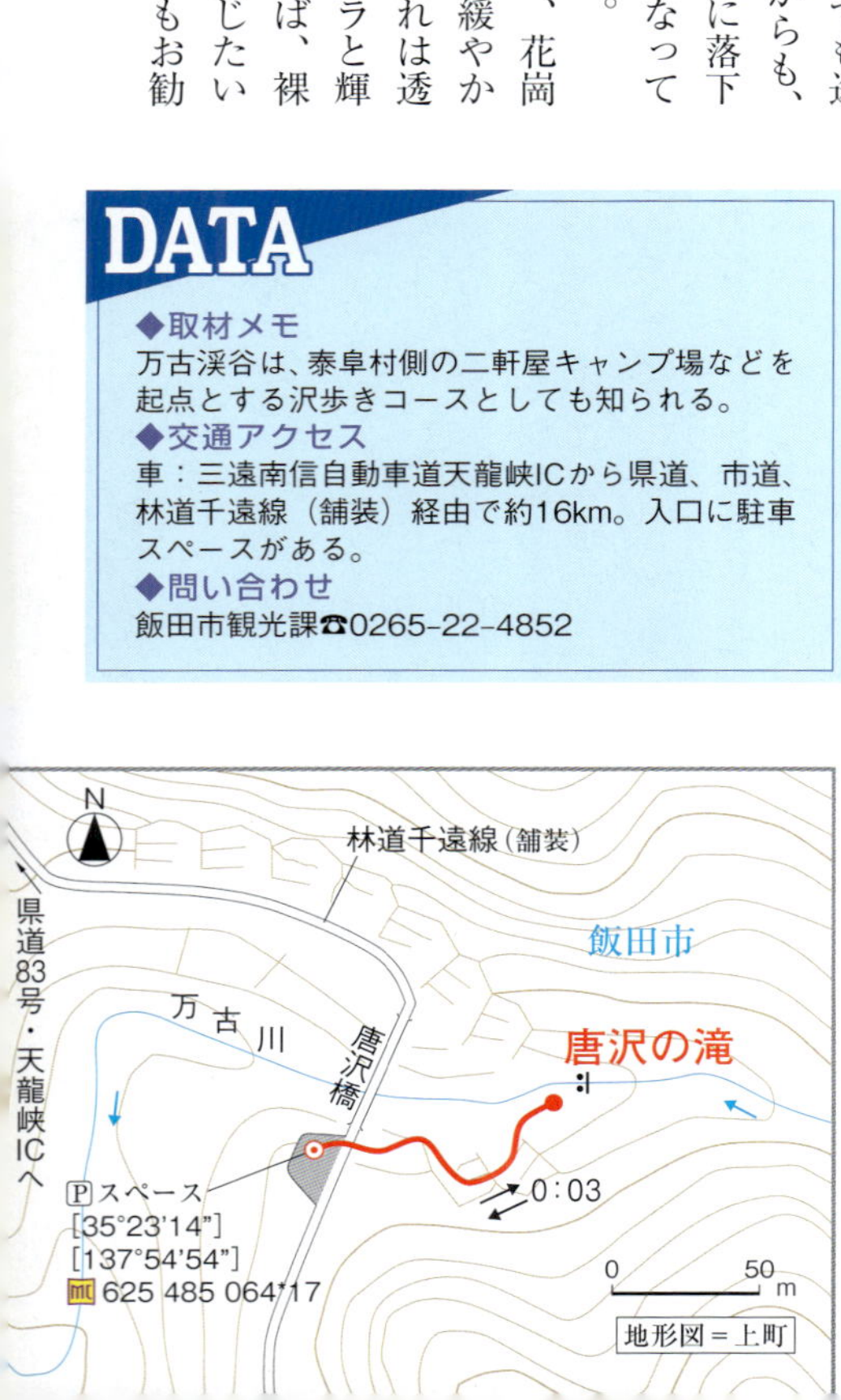

万古渓谷を代表する名瀑・唐沢の滝＝8月5日12時5分撮影

八重鶴姫が身を投げた悲しい滝

つたの滝

つたのたき

根羽村

標高785m／落差10m／南／徒歩5分／家族連れ

つたの滝には、次のような悲話が語り継がれている。

昔、美しく高貴な身分の八重鶴姫は、都から当地に来て宿をとった。翌朝、川面に映った自分の顔に醜い腫れ物ができているのに気づいた姫は、生きる希望を失うほどに悲しみ、滝に身を投げてしまったという。村人は、姫を哀れみ、碑を建てて弔った。それからというもの、この碑にお祈りすると、疫病や腫れ物に効くといわれるようになった――。その碑は、現在もつたの滝入口近くに残っている。

長野県最南端の根羽《ねば》村。その小川《おがわ》川に懸かる本瀑を目指すには、飯田山本ＩＣから国道１５３号で根羽村へ。平谷村との境にある赤坂峠から３・４km南下した砦《とりで》橋のすぐ手前で左折する。少し下ったところにある橋のたもとが、滝の入口だ。小さな案内看板が立っている。

付近の路肩に寄せて車を停めたら、草むらに続く小径へ。すぐに金属製階段となり、滝が見えてくる。

落差は10mほどだが、水量が豊富で力強い印象である。河床《かしょう》まで降りてもよいが、手前の大岩に下半分が隠されてしまう。階段の途中から望むのが一番のお勧めだ。

八重鶴姫の悲しい伝説が伝わるつたの滝（8上）

DATA

◆取材メモ

つたの滝と国道の中間あたりに、かつて武田信玄の「詰めの城」があった。現在もその砦跡は、城山と呼ばれている。

◆交通アクセス

車：中央自動車道飯田山本ICから国道153号、村道経由で31km。入口の路肩に寄せれば駐車可。

◆問い合わせ

根羽村観光協会☎0265-49-2103

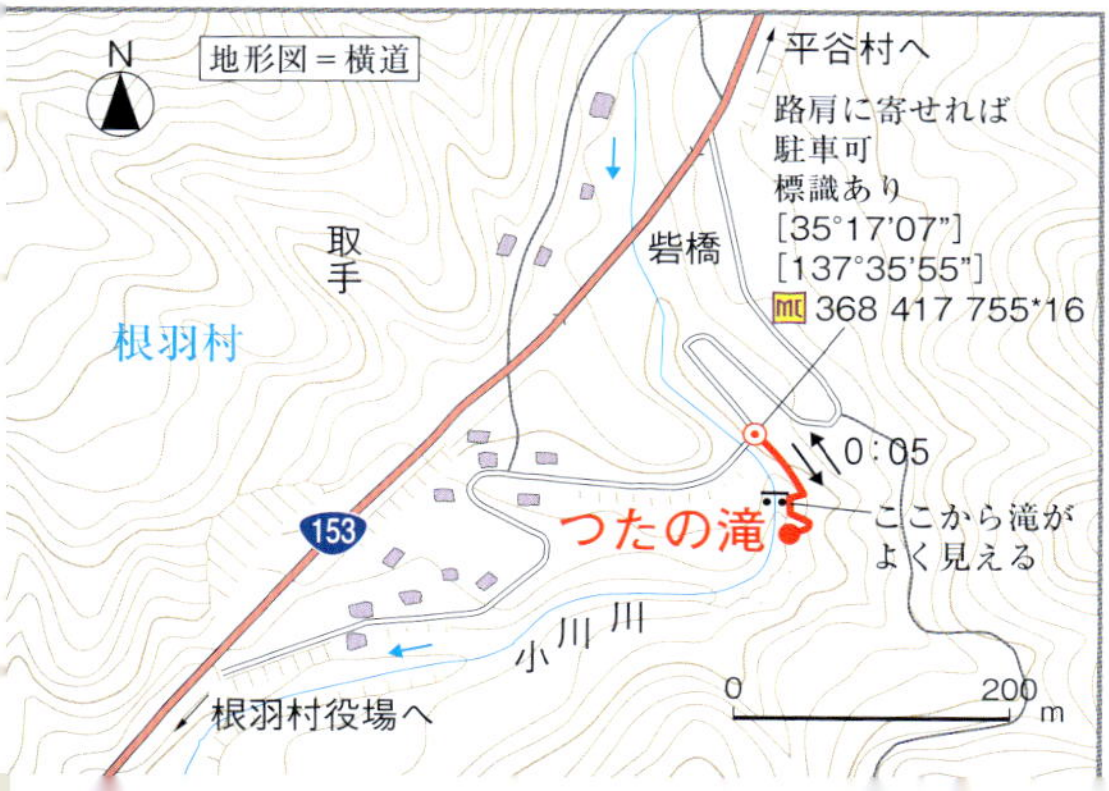

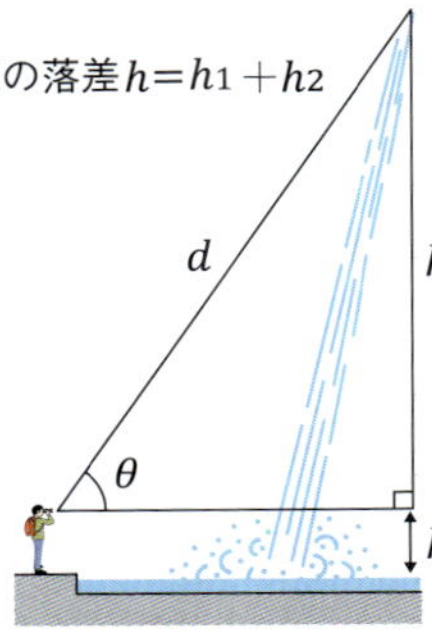

図A

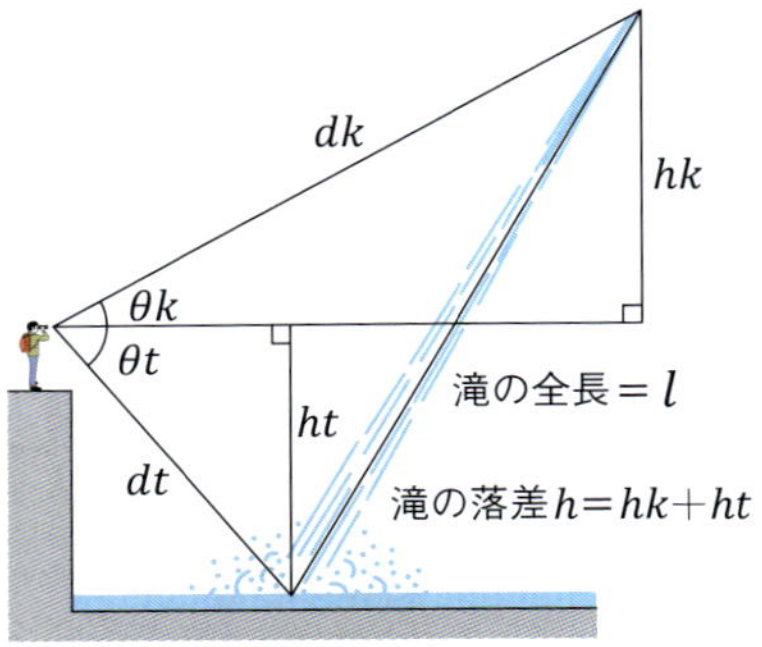

図B

滝の落差を計測する方法②＝観瀑台が滝壺水面よりも高い場合

まず、レーザー距離計とクリノメーターで滝口（滝の上端）までの距離dkと角度θkを計測。次に下に向けて滝の下端までの距離dtと角度θtも計測する。式①と同様に三角関数でそれぞれの落差hk、htを計算し、二つの数値を足せば滝全体の落差hが分かる＝式②。図B参照。

式② $h=\underbrace{(\sin\theta k\times dk)}_{hk}+\underbrace{(\sin\theta t\times dt)}_{ht}$

例えば $dk=12\mathrm{m}$、$\theta k=37°$、$dt=10\mathrm{m}$、$\theta t=30°$ だった場合は

$(\sin37°\times12)+(\sin30°\times10)=12.22178028\fallingdotseq12$

滝の落差は約12mとなる。この場合、身長を加える必要はない。

滝の全長を計測する方法

観瀑台がどの位置にあっても、滝口（滝の上端）までの距離dkと滝の下端までの距離dt、それにdkとdtの2辺が作る角度θが分かれば算出できる。観瀑台が滝壺水面よりも高い位置にある場合は、滝口と滝の下端角度をそれぞれ測って$\theta k+\theta t=\theta$とする。θが90°の場合は三角関数で求められるが、そうでなければ、三角形の2辺と角度から残りの辺の長さを求める余弦定理の式③に当てはめることで、滝の全長lが求められる。図B参照。

式③ $l=\sqrt{dk^2+dt^2-2\times dk\times dt\times\cos\theta}$

例えば$dk=20\mathrm{m}$、$dt=13\mathrm{m}$、$\theta=55°$だった場合は…

$\sqrt{20^2+13^2-2\times20\times13\times\cos55°}=16.454186498578\fallingdotseq16$

滝の全長は約16mと分かる。身長を加える必要はない。

計算はインターネットも活用

三角関数の計算は、関数電卓がなくても、例えばsin32°、cos55°でインターネットで検索すれば、すぐに答えが出る。また、数値を入力してボタンをクリックすれば自動的に計算してくれる計算サイトも便利。余弦定理やルートの計算も可能だ。

Column

滝の落差や全長を計測する方法

滝の落差（高さ）は、どちらかというと実際の数値よりも盛り気味になっていることが多く、ほとんどの滝で資料によって食い違いがある。例えば、ある滝では、落差20m説と30m説があったりする。この差はかなり大きいが、果たして、どちらが正しいのだろうか？

これを気にする人はほとんどいないだろうが、自分で計測して確かめる方法もあるので、ご紹介しておこう。この方法は、二つの機器を買いそろえる必要がある上に多少の誤差が生じる可能性もある。しかし計測自体は難しいことではない。

計測に必要な機器

用意するのは、レーザー距離計とクリノメーターだ。まずレーザー距離計だが、名前の通りレーザー光線を発射して距離を測る装置で、赤いレーザー光を対象物に当てると、距離が表示されるタイプと、望遠鏡の照準を対象物に合わせてボタンを押すと視野内に距離が表示されるタイプがある。前者は、ミリ単位の正確な測定が可能だが、主に数十mまでの距離しか測れない。市場価格は3000～8000円で、長距離を測れる製品は、さらに高額になる。一方、後者は、メートル単位になる上に数m～十数mの近距離では測定できないが、数百mの距離でも計測可能。市場価格は1万～5万円。

またクリノメーターは、地学調査などに使う道具で、分度器と方位磁石、水準器がセットになっており、照準を覗いて目標物に向けると、その角度を測れるが、照準がないものは使いにくい。市場価格は1万円前後。デジタルタイプは3万～5万円するが、正確に測定できる。またスマートフォンアプリにもあるが、照準を自作する必要がある。

滝の落差を計測する方法①＝観瀑台が滝壺水面とほぼ同じ高さにある場合

観瀑台に立ち、レーザー距離計とクリノメーターで滝口（滝の上端）までの距離dと角度θを計測すれば、あとは三角関数で簡単にh_1が計算できる＝式①。図A参照。

式① $h_1 = \sin\theta \times d$

例えば $d = 48\mathrm{m}$、$\theta = 32°$の場合は　$h_1 = \sin 32° \times 48 = 25.4361247 \fallingdotseq 25$

これに地面から目までの高さ（$h_2 \fallingdotseq$ 身長 $\fallingdotseq$ 2m）を足す。これで滝の落差hは約27mと分かる。規模の大きな滝では2mは誤差範囲内になるので省略も可。

レーザー距離計（左）、望遠鏡タイプのレーザー距離計（中）、クリノメーター（右）

菱ヶ岳の中腹にある二段滝

関田山脈

不動滝

せきたさんみゃく ふどうたき

新潟県上越市

標高850m／落差30m／西北西／徒歩15分（往復35分）／一般

関田山脈・菱《ひし》ヶ岳の中腹。地籍としては上越市安塚《やすづか》区にある段瀑である。

長野県側からは、上信越自動車道豊田飯山ICから国道117号で野沢温泉方面に向かい、飯山市の常盤大橋を渡った10kmほど先で「市川橋」の道路標識に従って左折。国道403号で上越市に向かう。国道は、県道との交差点で右折や左折をしながら、つづら折りを経て、やがて関田山脈の伏野《ぶすの》峠と須川《すかわ》峠の間で県境を越える。そこから1・4km下った左側に見えてくる駐車スペースが滝の入口だ。

「不動滝　歩いて15分」の道標に従って小径へ。急斜面に付けられた道で歩きやすいとは言い難いが、ロープに捕まりながら下ると、じきに勾配が揺るんで、観瀑ポイントに着く。滝の周囲には、立派なブナに覆われ、うっそうとした雰囲気だ。

その対岸に目をやると、深い緑に覆われた断崖を切り裂くように白水が懸かっている。10mの1段目のあとに20mの2段目がわずかなカーブを描きながら落水しており、見応えは申し分ない。

古くは修験者の行場であり、菱ヶ岳と同様に薬師信仰の対象でもあったという。

DATA

◆アドバイス

ロープをつかむのに軍手があると便利。また滝の入口には、火炎石という眺めのいい岩場がある。

◆交通アクセス

車：上信越自動車道豊田飯山ICから国道117、403号経由で約39km。入口に駐車スペースがある。

◆問い合わせ

キューピットバレイセンターハウス（信越トレイルビジターセンター）☎025-593-2041

7～8台駐車可能な入口の駐車スペース。目立つ案内看板はないので、見落とさないように（上）。観瀑ポイントに下る道。足が滑りそうな急な箇所が連続するので、慎重に下りたい（右）

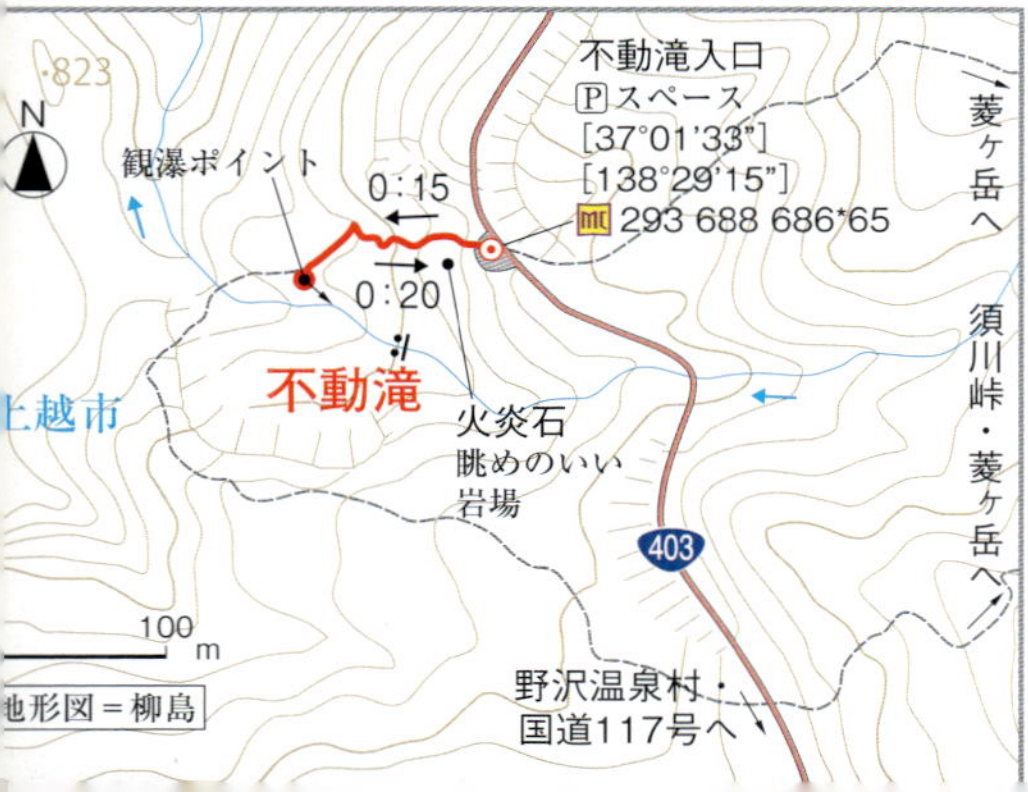

関田山脈の名瀑・不動滝。そばに立つ苔むすブナとの対比もいい（7上）

雪渓の奥に雄大に水を落とす惣滝。鈴ヶ滝、苗名滝とともに越後三大名瀑にも数えられている（6中）

雪渓の奥に懸かる大瀑布

妙高山中腹 惣滝

日本の滝 百選

みょうこうさんちゅうふく そうたき

新潟県妙高市

標高1280m／落差80m／南東／徒歩32分（往復1時間21分）／一般

妙高山の中腹や山麓には、いくつもの滝が知られるが、その中には日本の滝百選に選ばれた名瀑が二つもある。一つは長野県との県境上に位置する苗名《なえな》滝（次項）だが、残る一つが惣滝である。

惣滝は、燕《つばめ》温泉の奥にあり、大田切《おおたぎり》川の支流・大倉沢に懸かっている。燕温泉から30分で観瀑ポイントに到着できる比較的手軽な滝だが、少々大げさにいえば、秘境感を漂わせる自然景観も併せて楽しめ、やや単調になりがちな訪瀑プランの中では断トツにお勧めである。ただし、家族連れの場合は、手前の展望台から眺める方が無難。

上信越自動車道妙高高原ICを降りて、赤倉温泉を経由して燕温泉へ。温泉街手前にある無料駐車場に車を置き、徒歩で滝に向かう。

温泉街を抜けたところに登山口を示す標柱と案内板が立つ三差路がある。ここを直進すると、大田切渓谷を見下ろす幅の広い道となり、対岸に細く流れる「そうめん滝」も見えてくる

吊り橋の妙仙《みょうせん》橋を渡り、付近の踏み跡は無視して、斜面を登る道を選択。道標が立つ惣滝分岐を右にとると、ほどなく眼下に二つ目の権現滝が現れる。

小さな渓流を何本か見送り、急崖を細い道でトラバースするが、足元のすぐ先に深い渓谷が見えてスリル満点。思わず腰が引けながらも、ふと目を上げると、目指す惣滝が前方に姿を現す。初夏であれば、付近には残雪がたっぷり。その奥に力強く落ちる姿は、まさに圧巻だ。

帰路、三差路に戻り、惣滝展望台にも足をのばす。ここから遠望する惣滝も見事だ。

V字状に切れ込んだ岩壁の隙間から落水する権現滝（左）。途中、対岸に見えるそうめん滝（右）

展望台から遠望する惣滝。ズームレンズ240mmで撮影（6中）

コースシミュレーション

❶燕温泉駐車場からスタート。写真は駐車場のトイレ

❷白濁した湯が特徴の燕温泉。温泉街を抜けて奥へ進む

❸三差路。写真には写っていないが、標柱と案内板あり

❹大田切渓谷沿いに続く幅の広い道に入る

❺吊り橋の妙仙橋を渡る。付近の渓谷美も見どころだ

❻少し登ったところにある惣滝分岐。ここは右へ

❼道は細く険しくなり、もう完全な登山道である

❽いや、もっとスゴくなる。スリル満点の急崖の道…

❾惣滝が見えた！　残雪期でなければ滝壺近くまで行ける

❿帰路、妙仙橋から右の谷に入ると「河原の湯」がある

⓫三差路に戻り展望台へ向かう途中には「黄金の湯」もある

⓬ほどなく惣滝展望台に着く。ここからの眺めも楽しもう

DATA

◆取材メモ

「河原の湯」と「黄金の湯」は、どちらも入浴料寸志。月曜と金曜の午前中は入浴不可。

◆交通アクセス

車：上信越自動車道妙高高原ICから国道18号、県道経由で約12km。入口に燕温泉駐車場（無料）。電車・バス：えちごトキめき鉄道妙高はねうまライン関山駅より燕温泉行き妙高市営バスで21分、終点下車。

◆問い合わせ

妙高市観光協会☎0255-86-3911

燕温泉駐車場

トチノキの花と苗名滝。この時期は水量も多く、豪快な姿を見せつけてくれる（6中）

別名「地震滝」も納得の大轟音

妙高高原 苗名滝

日本の滝百選

みょうこうこうげん なえなたき

新潟県妙高市／長野県信濃町
標高840m／落差55m／南東／徒歩15分／家族連れ

砂防堰堤を越える階段

観瀑台にはあずまやがある

長野県信濃町と新潟県妙高市の境を流れる関川にある大瀑布。近くの惣滝（前項）とともに日本の滝百選に選ばれている。長野県の滝でもあるが、主要入口が新潟県側にあることから、本書では新潟県の滝に分類した。

　広く知られている苗名滝は、実は一の滝で、上流に向けて二の滝から四の滝が並んでいる。ただ、一般の人が観瀑できるのは、あくまで最下流の一の滝のみである。

　現地解説板によると、昔は滝の落水音が激しく、まるで地震のような振動だったことから地震滝と命名され、「地震」と書いて「なゐ《い》」と呼んでいた。それが「なえ」に転《てん》訛《か》したとされる。

　上信越自動車道妙高高原ICから県道で近くの杉野沢地区に向かう。以前は笹ヶ峰に向かう県道の途中から左に入っていたが、近年、関川に架かる地震滝《ないのたき》橋のたもとから新しい道路が開通。従来の駐車場の手前に大駐車場も整備され、訪瀑がより便利になった。

　駐車場奥から遊歩道を歩き始める。すぐに巨大な砂防堰堤を見ながら吊り橋を渡り、対岸でその砂防堰堤を階段で越える。付近の景観は、昔と比べると一変。かなり治水工事が進んだという印象だ。しかし、少し先からは以前のままの林間の小径となり、春にはユキツバキが咲いている。

　やがて前方に滝の姿が一部見えるようになり、小林一茶が、文化10（1813）年の春にここを訪れた時に詠んだ「瀧けぶり側で見てさえ花の雲」の句碑を見送ると、吊り橋を前景とした滝が姿を現す。

　その吊り橋からも眺めはいいが、橋を渡った先に終点の観瀑台がある。黒姫山から噴出した熔岩が柱状《ちゅうじょう》節理《せつり》の断崖となり、そこからすさまじい量の水を落としている。雪解け水を集める春から初夏にかけては、とにかく言葉にならないほどの迫力。地震滝という名も納得である。

　なにより滝口の岩壁が大きく凹んでいる点にも注目したい。昔は、滝口に岩があって、流身が左右に割れていたが、高田藩が伐採した木を流したことで、岩が欠けて現在の姿になったともいわれる。しかし、この凹み自体は、長年にわたって上流から水とともに流れてくる土砂や石によって少しずつ削られたものだろう。それにしても落差が大きく変わるほどの深い凹みは、悠久の滝の歴史をそのまま体現しているといえそうだ。

　なお、季節による苗名滝の水量変化については、P139のコラム参照のこと。

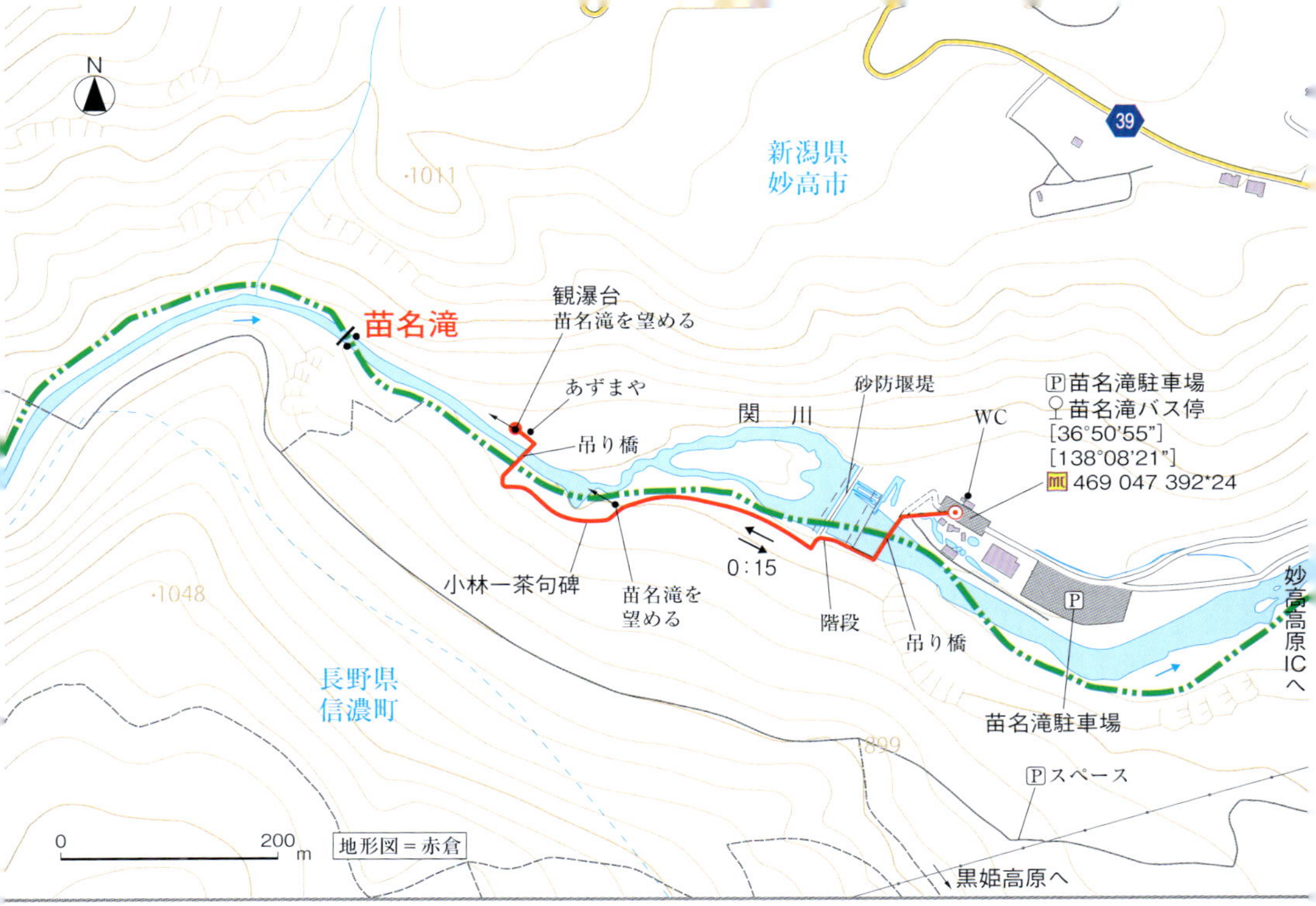

DATA

◆アドバイス

右岸の長野県側からも滝に行けるが、遠回りになる上にアップダウンがあり、あまり一般的ではない。ほかに黒姫高原から続く信濃路自然歩道を歩いて滝に向かうプランも可能。所要2時間15分。

◆交通アクセス

車：上信越道妙高高原ICから県道、市道経由で約6km。苗名滝駐車場（無料）がある。電車・バス：JR北陸新幹線、えちごトキめき鉄道妙高はねうまライン上越妙高駅から妙高高原ライナー（頸南バス）で1時間2分、苗名滝下車。運行期間注意。

◆問い合わせ

妙高市観光協会☎0255-86-3911

新しくできた苗名滝駐車場

苗名滝上流の支流に懸かる細い滝。巡視路沿い右岸にあるが、現在は通行不可

2億6000万年前の岩壁に流れる

今井不動滝《いまいふどうたき》

新潟県糸魚川市
標高330m／落差70m／南東／徒歩5分／家族連れ

　糸魚川市の明星山《みょうじょうさん》北麓にある勇壮な滝。もともとは単に不動滝と呼ばれていたが、同名の滝が多いので、地区名を冠して「今井不動滝」あるいは「今井の不動滝」と呼ばれるようになった。

　糸魚川市街地から虫川関所跡を経由するルートもあるが、長野県側から行く場合は、南側の小滝《こたき》地区から入る方が、道も広くて走行しやすい。いずれにしてもアクセス道路は全線舗装されている。

　一帯は「不動滝いこいの里」として整備され、入口に管理棟とトイレ、駐車場があり、少し下ったところにも、もう一つ駐車場がある。付近には、キャンプサイトや不動池があり、すぐに今井不動滝と糸滝が見えてくる。

　まず手前の糸滝に立ち寄る。見上げるほどの急崖には、大小の凹凸が刻まれ、まさに白糸を何本も垂らしたような細い流れをつくるが、時期によっては渇水する。

　一方、今井不動滝は、糸滝とは比べものにならないほどの水量があり、轟音《ごうおん》とともに滝壺に水を落としている。実は奥にも２段あり、計３段の段瀑である。付近の断崖は２億６０００年前の中生代ペルム紀にできたものだそうだ。

DATA

◆取材メモ
糸滝の前には、ヒロハカツラの大木があり、10月下旬には、黄色く色づく。
◆交通アクセス
車：長野自動車道安曇野ICから県道、国道148号、市道経由で約89km。または北陸自動車道糸魚川ICから国道148号、市道経由で約9km。入口と奥に二つの無料駐車場がある。
◆問い合わせ
糸魚川市観光案内所☎025-553-1785

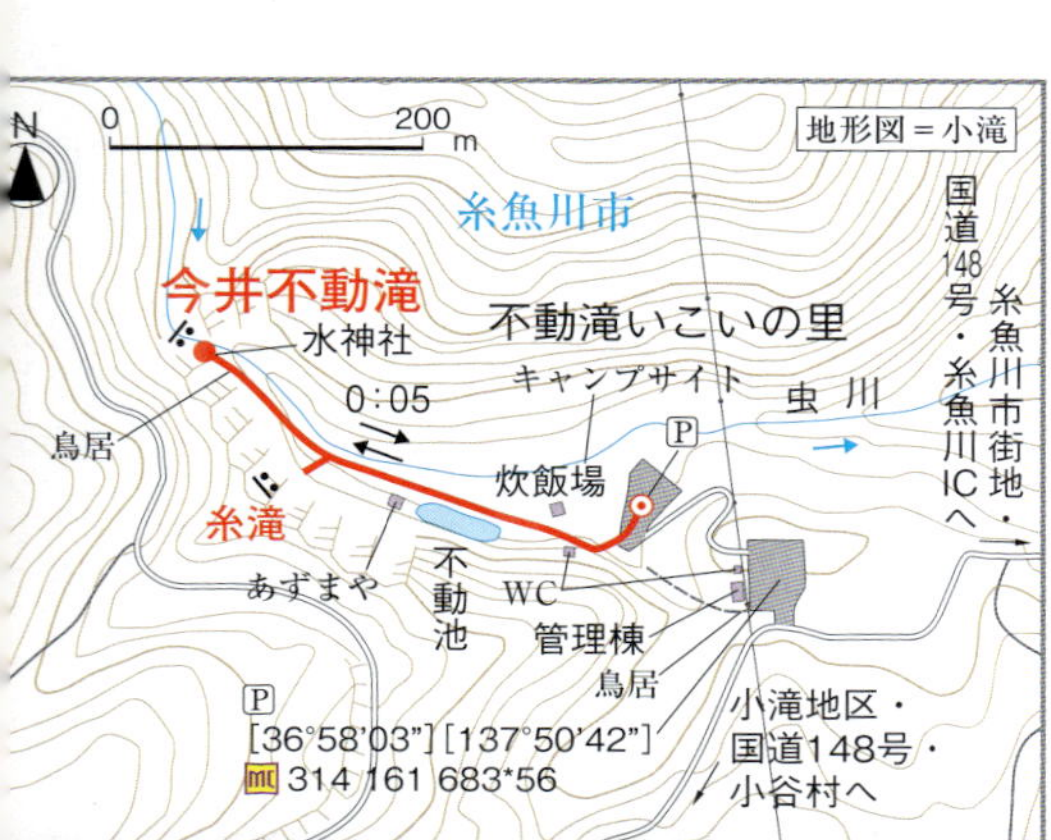

入口の駐車場。建物は管理棟とトイレ。4月下旬～11月上旬は管理人が常駐している(上)。まさに糸のように細い糸滝。落差は50m。複雑な凹凸をもつ岩壁のため段瀑と分岐瀑が合わさった形態（右）

今井不動滝。姫川の支流、ヒヨドリ池から流れ出る虫川に懸かる（7上）

白砂川支流にある滝銀座

世立八滝

よだてはったき（よだてはちたき）

群馬県中之条町　標高820～925m／落差15～40m／西北西～西～西南西／徒歩3分～1時間10分（一巡2時間11分）／家族連れ～一般

世立八滝の中で最も訪問しやすい大仙の滝。左は観瀑台（7上）

昇ってきた朝日に照らし出されて、躍動する飛沫がキラキラと輝く。仙の滝で＝7月8日9時13分撮影

白砂《しらすな》川の支流・八石沢《はちこくざわ》川の500mの間に、大仙《おおぜん》の滝、段々《だった》の滝、箱の滝、久内《きゅうない》の滝、不思議の滝、井戸の滝、殺人《さつうぜん》の滝の七瀑がひしめき、北側の依田尾《よだお》川に懸かる仙の滝とともに世立八滝を構成。まさに滝が集中する滝銀座みたいなところである。ただし、遊歩道で近くまで行けるのは、このうち四瀑のみだ。

国道405号で花敷《はなしき》温泉方面に向かう手前、「大仙の滝」と書かれた大きな案内看板が目印。その看板が立つ「滝見ドライブイン」の駐車場は、観瀑者の利用可だが、あくまで民間施設なので、利用の際には十分に配慮したい。

まずは、大仙の滝まで往復する。八石沢川に懸かる七瀑の中では、最下流に位置し、落差は20m。水流が多く迫力がある上に、入口から近いので家族連れでも容易に訪問できるのがうれしい。

入口に戻り、そばの長い階段に取り付く。残りの滝を結ぶ遊歩道は、よく整備されているが、尾根に上がったり渓谷に下ったりアップダウンは激しい。当然、長い階段もあれば、急なハシゴもある。

二つ目の段々の滝は、落差30mの二段滝で、大仙の滝と同じ川に懸かっているだけあって同じく迫力満点。

三つ目の殺人の滝は、水流が跳ね返る「跳ね滝（ヒョングリ滝）」で、落差40m。2段のうち、観瀑台からは下の段しか見えない。物騒な名前だが、昔、この滝で人が殺されたことに由来するという。

最後に落差15mの仙の滝を見て、滝めぐりは終了。この滝だけは、依田尾川に懸かり、水量は少ないが、滝に寄りかかるような巨岩があって、独特な雰囲気を漂わせている。

ユニークな跳ね滝の殺人の滝。世立八滝の中では最上流にある（左）。2段の段瀑・段々の滝（右）

❶中央が大仙の滝入口。左に段々の滝に続く階段がある

❷駐車場から大仙の滝観瀑台まで、わずか2〜3分

❸入口に戻ったら、そばの階段に取り付こう

❹尾根に上がると、対岸の「天狗の足跡」を望める

❺階段のあとは、こんなハシゴが待ち構えている

❻段々の滝は、その名の通り、きれいな二段滝

❼森の中に続く、うんざりしそうなほど長〜い階段

❽金比羅山には祠が祀られ、わずかに展望が開ける

❾殺人の滝への下降地点。この分岐をしばらく下る

❿殺人の滝の観瀑台。跳ね具合を間近に確認しよう

⓫巨岩が寄りかかったような仙の滝で、締めくくりだ

⓬橋を渡り、天狗神社を見送ると国道に戻ってくる

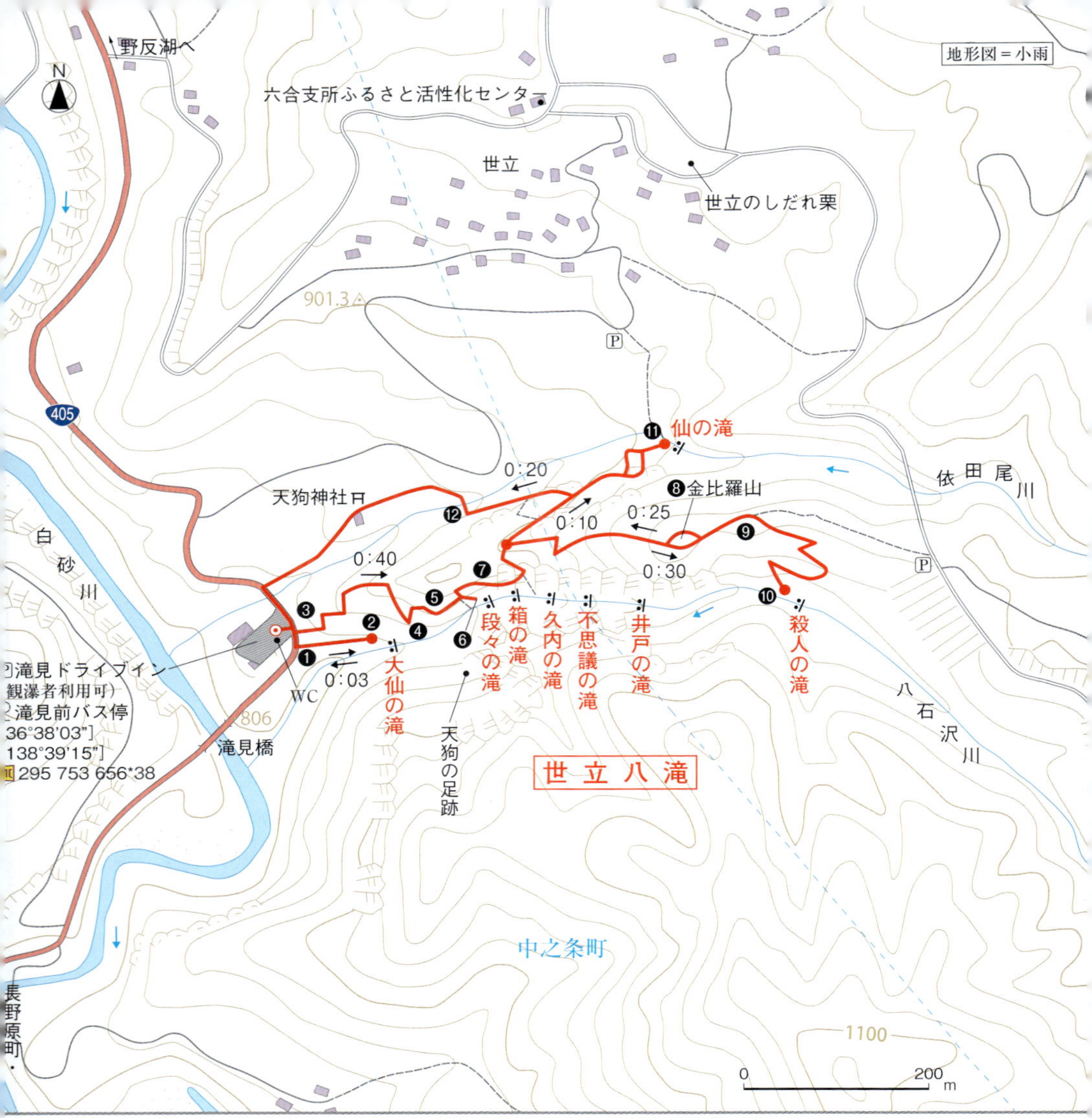

DATA

◆交通アクセス

車：上信越自動車道須坂長野東ICから国道406、292、405号経由で約74km。または上田菅平ICから国道144号を経由してもよい。東京方面からは関越道渋川伊香保ICも利用可。入口にある滝見ドライブイン駐車場は、観瀑者利用可。電車・バス：JR吾妻線長野原草津口駅から野反湖行き中之条町営バスで30分、滝見前下車。※便数少ないので注意。

◆問い合わせ

中之条町観光協会☎0279-75-8814

滝見ドライブイン駐車場

Column

季節や天候で変わる滝の姿

滝が豪快になる条件は？

山々から雪解け水を集める春や降水量が一段と増える梅雨の頃は、滝の水量も増えて太めの豪快な姿になり、逆に晴天がしばらく続いたあとは、水量が減って貧弱な姿に変わり、時には完全に涸《か》れることさえある。時期や変動の大きさは、年により河川により異なるにせよ、これは当たり前のこと。

景観上、水量が多ければ多いほどいいというものではないが、豪快な滝を見たければ、前述の時期か、雨が降り続いたあとに訪れれば、願いがかなう可能性は増す。ただ、自然のままのように見える滝であっても、実は上流にダムがあって、そのダムの放水量によって滝の姿が大きく影響を受けていることもある。

水量が調整されている華厳の滝

例えば、日本三名瀑のひとつに数えられる華厳《けごん》の滝（栃木県日光市）は、200m上流に中禅寺ダムがあり、人為的に水量が調整されている。つまり、このダムの放水量が、そのまま華厳の滝の見え方に直結しているのだ。水量を調整するのは、主に下流に水力発電所があるためだが、観光にも配慮し、夜間よりも昼間に多く放水されているそうだ。

そんな事情を知ってしまうと、名瀑のありがたみは半減しそうだが、必要な時に必要な水量を安定的に確保できれば、観光客にとってもハズレがないことになる。それはそれで、大きな利点かもしれない。

苗名滝の水量とダムの関係は？

同様に苗名滝（P128）の上流には、笹ヶ峰ダムがある。苗名滝も笹ヶ峰ダムによって水量が人為的に調整されているのだろうか。

笹ヶ峰ダムを管理する新潟県上越地域振興局に聞くと、このダムは、農業用と発電用の利水ダムなので、必要な水は常時流され、治水ダムのようにせき止めるようなことはしていないという。

さらにダムと滝の間でも、いくつかの支流が流れ込むため、関川は、年間を通して、ある程度の水量が確保され、笹ヶ峰ダムの存在によって苗名滝の景観に大きな影響が及んでいるわけではないそうだ。

春や梅雨の頃は、頸城《くびき》山塊などから笹ヶ峰ダムに流れ込む水量も増えるし、逆に秋は減る。その変化が、そのまま滝に現れるという意味では、苗名滝の水量変化は、あくまで季節要因といえる。

滝の水量変化
雪解け水が豊富な5月下旬の苗名滝（左）。水量が少ない10月下旬の苗名滝（中）。上流の笹ヶ峰ダム（右）。

チャツボミゴケ公園内にある

温泉大滝

おんせんおおたき

群馬県中之条町

標高1205m／落差15m／東／徒歩すぐ／家族連れ

温泉大滝の奥には、鉄鉱石の露天掘り跡にチャツボミゴケ（茶蕾苔）という希少な苔が自生している場所があり、俗に「穴地獄」とも呼ばれる。現在は、一巡する桟道が整備され、チャツボミゴケ公園として公開されている（9時〜15時30分／11〜4月は冬期閉鎖／入園料一人500円）。緑鮮やかな苔と酸性の鉱泉がつくる奇観が広がるとあって、近年観光客が増えている人気スポットである。

以前は、企業の健康保険組合が運営する保養所敷地内にあった。しかし2012年に中之条町に譲渡され、公園として整備。以降は受付後に終点の駐車場まで乗り入れていたが、2018年度からは、受付周辺に新たに3ヶ所整備される駐車場に車を置いてバスに乗り換える方法に変更される予定だ。

温泉大滝は、チャツボミゴケ公園の下流、鉱泉が流れ込む元山《もとやま》川に懸かる二段滝。標識は何もないが、酸性水のためか、滝の水がかかる岩には、草が一切生えておらず、茶褐色の荒々しい風情を保っているのが特徴だ。

観瀑のあとは、ついでにチャツボミゴケ公園も併せて散策したい。

DATA

◆交通アクセス

車：上信越自動車道須坂長野東ICから国道406、292号、県道経由で約74km。または上田菅平ICから国道144号を経由してもよい。東京方面からは関越道渋川伊香保ICも利用可。チャツボミゴケ公園に無料駐車場がある。

◆問い合わせ

チャツボミゴケ公園☎0279-95-5111

中之条町観光協会☎0279-75-8814

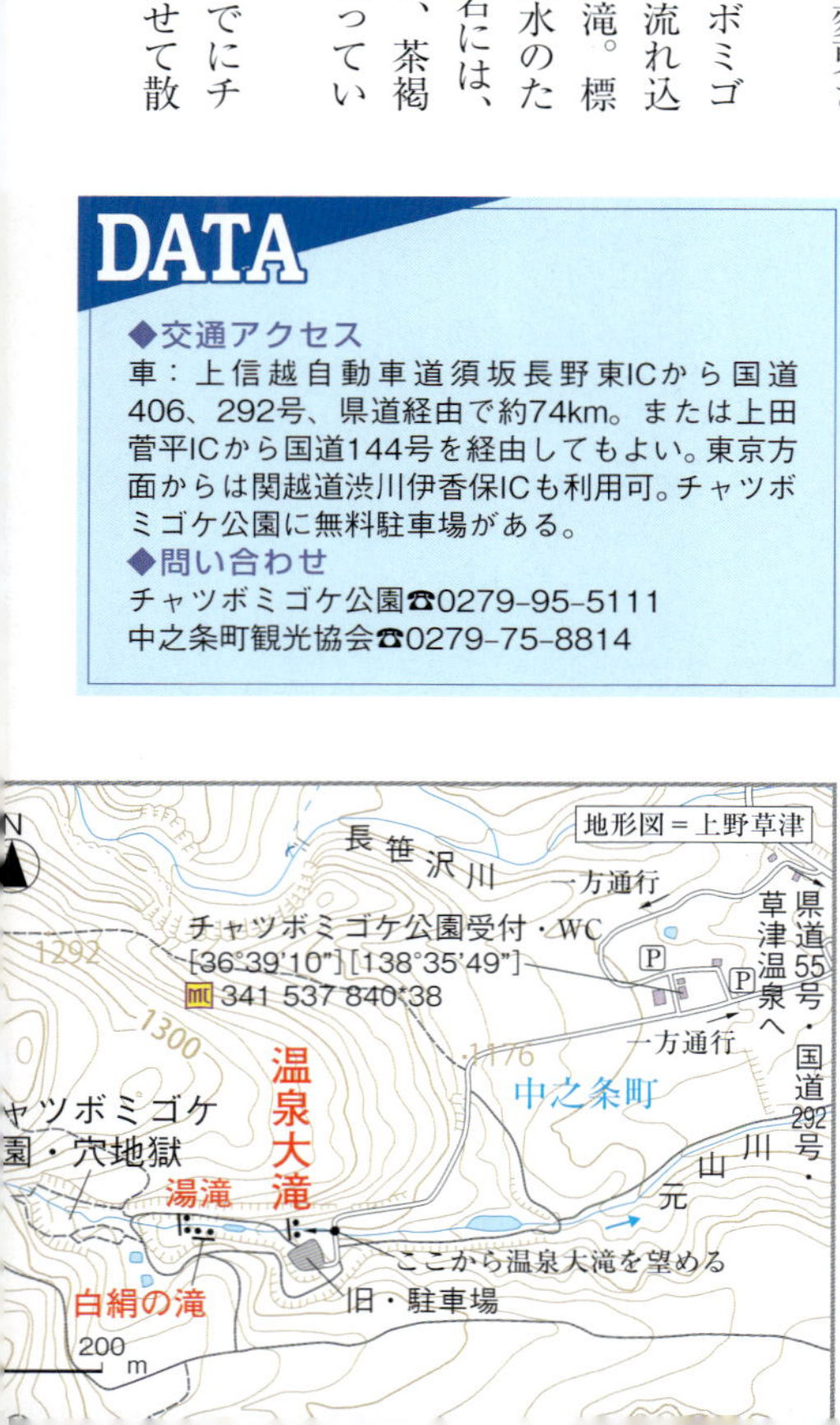

チャツボミゴケ公園手前にある温泉大滝＝7月8日11時34分

滝壺に容易に行けないのは残念

常布の滝

日本の滝百選

じょうふのたき

群馬県草津町

標高1450m／落差40m／東南東／徒歩40分／一般

ラムサール条約にも登録されている高層湿原・芳ヶ平付近に源を発する大沢川に落ちる秘瀑である。日本の滝百選にも選ばれ、本来なら本書でも大きく取り上げたい滝であることは間違いない。

しかし、常布の滝展望台からは直線距離で570mもの遠望となる上に、ここからでも滝の下部は木に隠されてしまい、迫力はイマイチ。

さらに登山道を10分ほど進むと、常布の滝入口があり、さらに険しい踏み跡をたどって滝壺に近づく方法もあることはあるが、草津町では上級者向けとして、一般の観瀑は勧めておらず、本書の企画方針とは明らかに合致しない。従って、小さな扱いにせざるを得なかった。

展望台へは、谷沢《やさわ》川右岸の林道からも行けるが、落石の危険があるため、通常は、天狗山第4駐車場から谷沢橋を渡った先で芳ヶ平登山道へ入る方がお勧めだ。そこから30分ほどで道標に従って右手に入ると展望台があり、常布の滝を望むことができる。

直瀑ということや滝背後の岩壁が、独特な褐色の縞《しま》模様をつくっているのも見てとれるが、やはり遠いのは否めない。望遠レンズは必携だ。

DATA

◆アドバイス

2018年1月、本白根山が噴火したため、今後は規制情報に注意。

◆交通アクセス

車：上信越自動車道須坂長野東ICから国道406、292号経由で約65km。上田菅平ICから国道144号を経由してもよい。東京方面からは関越道渋川伊香保ICも利用可。天狗山第4駐車場がある。

◆問い合わせ

草津天狗山ネイチャーセンター☎0279-88-4972

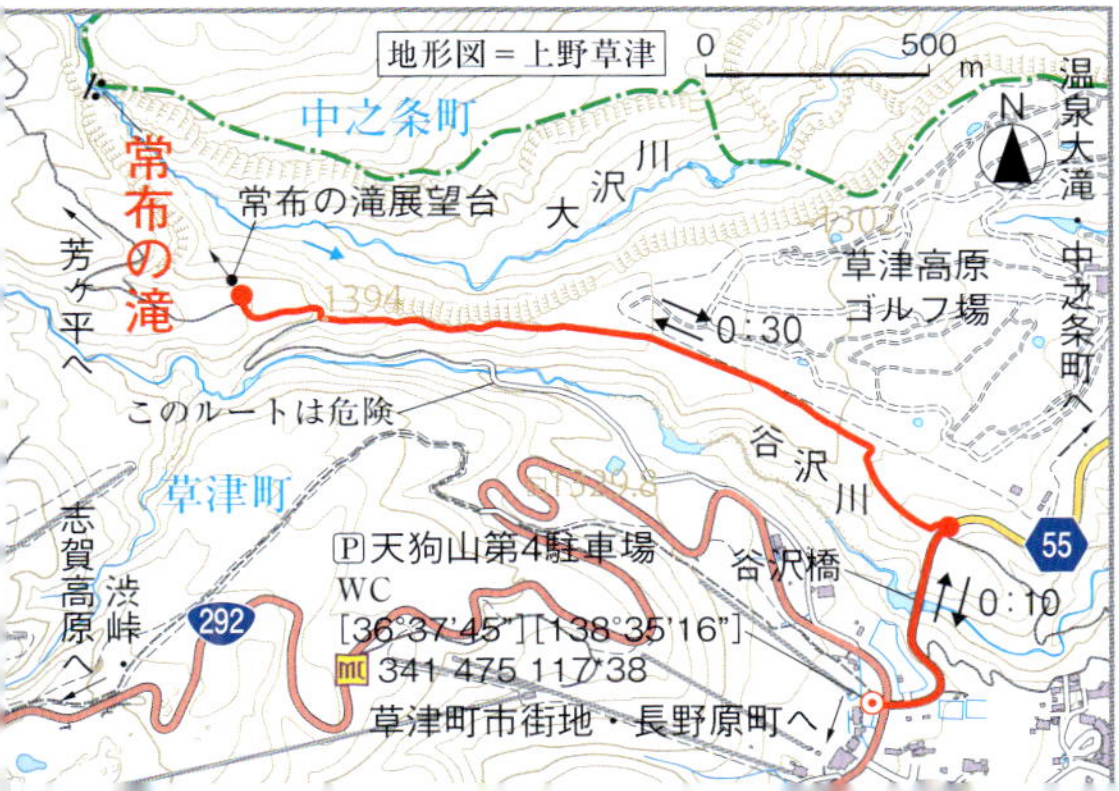

展望台から遠望する常布の滝（10上）

麻の簾のような流れが美しい

丁須の頭山麓

麻苧の滝

ちょうずのあたまさんろく あさおのたき

群馬県安中市

標高450m／落差40m／東北東／徒歩20分／家族連れ

「麻苧」とは、麻や苧《からむし》の繊維で作った糸のことで、現地案内板には「麻の簾《すだれ》を垂らしたような」姿に由来すると書かれている。

裏妙義の丁須の頭に発する沢に懸かり、付近には父滝（麻苧の滝）のほかに母滝、子滝、孫滝、さらに祖滝、曽滝、自《じ》行《ぎょう》滝…と計7瀑もある。

長野県内から行く場合は、碓氷軽井沢ＩＣでもいいが、次の松井田妙義ＩＣで降りて、少し戻るルートの方がお勧めだ。横川駅の先、霧積《きりづみ》橋手前で旧道に入り、橋を渡って県道92号に進み、入ってすぐ左に折れる。吊り橋の前を右折した終点に観瀑者・登山者用駐車場とトイレがある。

支度を調えたら、少し戻り、今見た「麻苧の吊り橋」を渡る。渡った先で左の道をとると、やがては渓流沿いに続く小径となる。

あずまやの先で、最初の自行滝に立ち寄ってもいい。半開きの扇状に広がる姿が、印象的だ。さらに岩の下をくぐり、小屋を見送り、橋や吊り橋を渡る。やがて麻苧の滝が前方に現れる。

安山岩《あんざんがん》の岩壁に懸かる姿は、確かに麻の簾《すだれ》のように見える。この滝も古くから修験道の行場だったらしい。

DATA

◆取材メモ

麻苧の滝は、別名「第一不動滝」と呼ばれ、上流には「第二不動滝」もある。

◆交通アクセス

車：上信越自動車道松井田妙義ICから国道18号（旧道）、県道、市道経由で約6km。観瀑者用・登山者用駐車場（無料）がある。電車：JR信越本線横川駅下車。麻苧の吊り橋まで徒歩17分。

◆問い合わせ

安中市観光機構☎027-385-6555

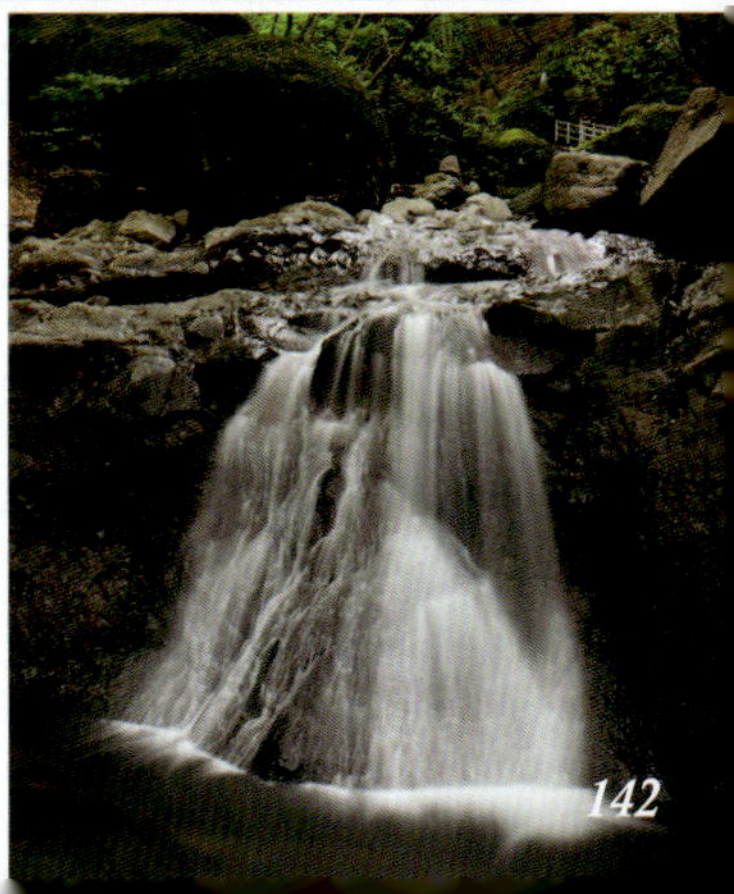

観瀑者・登山者用の駐車場。右手の白い建物はトイレ（上）。手前にある自行滝。「自行」とは自ら悟りを開くために行う修行のことで、おそらく昔は、この滝も行場だったのだろう（右）。麻苧の滝を除けば、自行滝など、ほかの滝を示す案内標識はない

143 丁須の頭の水を集めて、繊細な流れを作る麻苧の滝（7上）

気持ちいいほどに一直線！

荒船山麓 線ヶ滝

あらふねさんろく せんがたき

群馬県南牧村

標高725m／落差35m／南東／徒歩2分（滝壺まで降りる場合は徒歩4分）／家族連れ

滝が多いことで知られる群馬県南牧《なんもく》村。その佐久市との境近く、荒船山の登山口にある線ヶ滝は、その名前の通り、本当に気持ちいいほどに一直線に水を落とす滝である。群馬県の天然記念物と名勝に指定され、加えて南牧三名瀑の一つにも数えられている。

村を東西に横断する県道93号から荒船山方向に続く県道201号に入る。4㎞ほど進むと、その終点手前に滝入口があり、奥には登山者用の駐車場もある。小径を2分も下れば、滝が見えてくる。

名前の通り、流身は一本の白線に見えるほどで、豪快さはあまり感じないが、とてもユニークな滝といえそうだ。

現地解説板には、線状の滝になった理由が説明されている。それによると、洪水などの時に上流から石が流れてきて、滝を落下する際に出っ張りを削り取る…ということを繰り返すうちに岩壁が樋《とい》状に削れて、水が直線状に落ちるようになったとか。

別名・仙ヶ滝ともいい、絶世の美女・お仙が、この滝に身を投げた悲話が伝わる。毎夜丑《うし》三つ時にはお仙のすすり泣く声が聞こえるという。

らせん階段とハシゴで滝壺に下りることも可能だ。

荒船山・線ヶ滝登山口駐車場

滝入口に立つ大日如来像

DATA

◆アドバイス

普通のレンズでは、滝がはみ出してしまう。24mmくらいの広角レンズがほしい。

◆交通アクセス

車：中部横断自動車道佐久南ICから国道142、141号、県道経由で約37km。滝入口の路肩に寄せれば駐車可。また奥の登山口にも無料駐車場がある。

◆問い合わせ

南牧村情報観光課☎0274-87-2011

145 南牧川の支流・星尾川上流に懸かる線ヶ滝（7上）

苔むす岩肌から湧き出す潜流瀑

清里高原・川俣川東沢渓谷

吐竜の滝

きよさとこうげん・かわまたがわひがしざわけいこく どりゅうのたき

山梨県北杜市
標高1200m／落差10m・幅15m／西／徒歩8分／家族連れ

八ヶ岳連峰の赤岳と権現岳から発した水を集めた川俣川東沢は、その中流で乙女滝や蘭庭《らんてい》、磨光《まこう》の瀬岩《せいわ》などの見どころが続く渓谷を作る。

その最後を華々しく飾るのが、吐竜の滝だ。川俣川東沢の本流ではなく、左岸斜面から湧き出す地下水が見せる典型的な潜流瀑《せんりゅうばく》で、苔むす岩や周囲を覆う緑と幾筋もの水流が見事なコントラストを描き出している。湧水なので、水量は年間を通して一定しているという。

長野県内からアクセスする場合は、小淵沢ＩＣで降りて県道もしくはレインボーライン等で清里方面に向かう。小海線甲斐大泉駅手前で右折して市道へ。地図で見ると、小海線が大きくふくれるように曲がっているところの内側に渓谷入口があるので、そこを目指そう。入口には、駐車場と簡易トイレ、案内板などがあり、すぐにそれとわかる。

滝に続く緩やかな遊歩道は、ほどなく小海線の鉄橋下をくぐり、立派な橋を渡る。滝まではわずかだ。

吐竜の滝を観賞したら往路を戻るが、時間があれば川俣川東沢渓谷の遊歩道を上流に向けて散策してみるのもお勧めだ。渓谷美を堪能できる。

川俣川東沢渓谷入口の無料駐車場

途中、小海線鉄橋の橋脚がある

DATA

◆取材メモ
川俣川東沢渓谷遊歩道は、県道11号の東沢橋に続くが、現在は、中間地点の獅子岩先で通行止め。

◆交通アクセス
車：中央自動車道小淵沢ICから県道、市道経由で約19km。川俣川東沢渓谷入口に無料駐車場がある。電車・バス：JR小海線清里駅下車。同渓谷入口まで徒歩35分。

◆問い合わせ
北杜市観光協会☎0551-30-7866

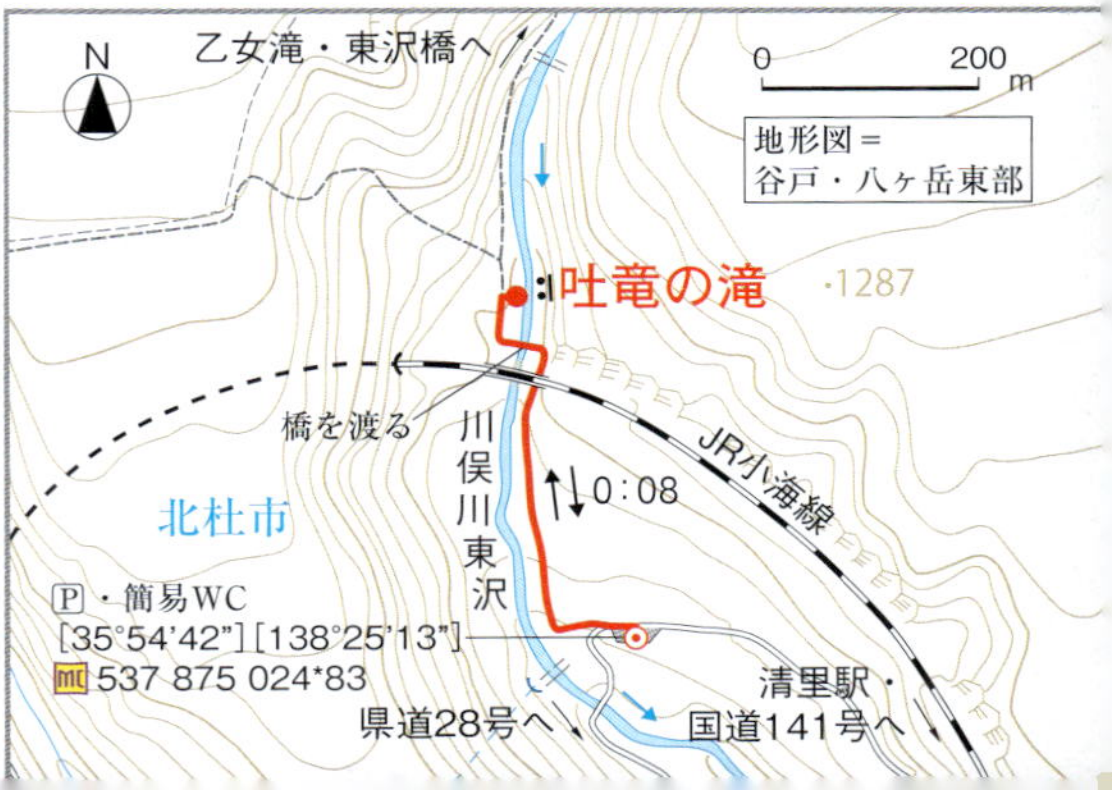

吐竜の滝。自然が作り出す景観は、どうしてかくも美しいのだろうか（7上）

名水で知られる渓谷の三段滝

甲斐駒ヶ岳中腹・尾白川渓谷

神蛇滝

かいこまがたけちゅうふく・おじらがわけいこく じんじゃたき

山梨県北杜市

標高980m／落差30m／北東／徒歩1時間10分（渓谷一巡2時間10分）／一般

南アルプス・甲斐駒ヶ岳に水源を持つ尾白川は、その中流で美しい渓谷となって山を下る。日本名水百選にも選ばれた清らかな流れが特徴で、中でも渓谷を代表する景観が、神蛇滝である。

　道の駅はくしゅうがある国道20号の白州中東交差点から西進。あとは「尾白川渓谷」の標識に従えばよい。

渓谷入口の市営駐車場から歩き始める。竹宇《ちくう》駒ヶ岳神社わきの吊り橋を渡れば、この先は渓谷沿いに続く登山道となる。橋や階段があってアップダウンもあるが、険しい道というほどではない。

　手前の旭滝（岩場を下れば見える）や百合ヶ淵などを過ぎると、やがて龍神平《りゅうじんだいら》に到着する。すぐ前にある岩の上に立てば、樹間から眼下に神蛇滝を望める。

　神蛇滝は、同規模の三つの滝が連続して懸かり、非常にバランスがいい。最下段の滝は、少し木に隠れ気味だが、それでも見事な景観といわざるを得ない。日本の滝百選に選ばれていないのが不思議なくらいである。

　上流の不動滝にも足をのばしたいところだが、現在、道が一部崩落しているため通行止めになっている。

上流にある落差25mの不動滝（左）。尾白川渓谷を代表する神蛇滝（右）

DATA

◆取材メモ・アドバイス
尾白川渓谷は、12月中旬〜4月下旬の間、冬期閉鎖され、渓谷内に立ち入ることはできない。なお、過去には本書紹介のコース途中で滑落事故も発生しており、歩行の際は十分注意のこと。

◆交通アクセス
車：中央自動車道小淵沢ICから県道、国道20号、県道、市道経由で約15km。渓谷入口に市営駐車場（無料）がある。

◆問い合わせ
北杜市観光協会☎0551-30-7866

渓谷入口の市営駐車場

小さな滝が落水する千ヶ淵

ハイカーで賑わう龍神平

滝見台から望む精進ヶ滝（奥）と九段の滝（手前）。逆光だったが、かえって紅葉が光輝くように撮影できた＝10月30日11時46分撮影

山梨県で最大落差を誇る

地蔵ヶ岳中腹・石空川渓谷

精進ヶ滝

日本の滝百選

じぞうがだけちゅうふく・いしうとろがわけいこく しょうじがたき

山梨県北杜市

標高1300m／落差121m／北東／徒歩45分（往復1時間25分）／一般

南アルプス・鳳凰三山《ほうおうさんざん》の一つ、地蔵ヶ岳中腹に懸かる雄瀑で、落差１２１ｍは山梨県内では最大とされる。通常は精進ヶ滝と呼ばれるが、同じく地蔵ヶ岳に水源を持つドンドコ沢にある南精進ヶ滝に対して北精進ヶ滝ともいう。

須玉ＩＣを降りて甲斐駒カントリークラブ方面へ。付近から舗装された精進ヶ滝林道に入ると、やがて「精進ヶ滝遠望台」と書かれた案内板があり、対岸の山腹に小さな白線のような滝を望める。

林道をさらに進み、左カーブ地点の三差路で右の道へ入ろう。ここには「精進ヶ滝駐車場」の道標が立っているが、小さいので見落とさないようにしたい。少し下ると吊り橋が見え、終点に観瀑者用の無料駐車場と小屋がある。

車を停めて支度をしたら、今、見たばかりの吊り橋で石空川を渡る。この先は、しばらくは緩やかな道が続くが、コースの大半は階段を上ったり橋を渡ったり…。結構アップダウンが繰り返される。

精進ヶ滝下流にある一の滝、二の滝、三の滝は、いずれも規模は小さいが、水量が多くて豪快。しかし、付近では二つの橋を相次いで渡り、左岸から右岸へ、右岸から左岸へ移動することに。

花崗岩《かこうがん》質のマグマが岩石を抱き込んで固まった「おにぎり石」を見て、また橋で対岸へ。その先にも二つの橋が巨岩に渡され、付近は竜仙峡と呼ばれる。ここを過ぎれば滝見台まではあと少しだ。

精進ヶ滝滝見台は直線距離で４６０ｍ北側にあり、精進ヶ滝と九段の滝をセットで望める。九段の滝は、落差35ｍほどだが、二つの滝が、実に雄大な景観をつくっている。

コースシミュレーション

❶駐車場からスタートし、吊り橋で石空川を渡る

❷黄葉真っ盛りの林間の道をしばらくたどる

❸一の滝が見えてきた。水流が豊富で迫力ある

❹二の滝の次は三の滝を見送り、相次いで橋を渡る

❺この道標が見えたら、着いたも同然。あと少しの辛抱だ

❻着いた！　ここが精進ヶ滝滝見台だ。ベンチもある

DATA

◆取材メモ

取材時、九段の滝の滝壺に自然落岩が偶然発生し、かなり大きな音が響き、水しぶきが上がった。

◆交通アクセス

車：中央自動車道須玉ICから県道、市道、精進ヶ滝林道（舗装）経由で15km。入口に観瀑者用駐車場（無料）がある。

◆問い合わせ

北杜市観光協会☎0551-30-7866

観瀑者用駐車場

落差日本一はさすがに圧巻！

立山山麓 称名滝

日本の滝 百選

たてやまさんろく しょうみょうだき

富山県立山町

標高1050～1400m／落差350m／西～西南西／徒歩35分／家族連れ

立山連峰の山麓にある称名滝は、350mという落差日本一の滝である。

室堂平《むろどう》の周辺に水源を持つ称名川が、目がくらみそうな弥陀ケ原《みだがはら》熔岩台地末端の絶壁で見せつける勇壮な景観で、国の名勝や国の天然記念物、日本の滝百選、日本の音風景百選にも選ばれているほか、日本三大名瀑にも数えられることがあり、わが国を代表する名瀑といえそうだ。

立山黒部アルペンルートの玄関口・立山駅を見送り、さらに県道を奥に進むと、称名平駐車場と休憩所がある。

滝までは、一般車通行止めの舗装道路（県道）と舗装された遊歩道を歩くだけなので誰でも容易に訪瀑ができる。直下の称名橋や左岸側の展望台から、その迫力ある景観をたっぷり観賞したい。

称名滝は、4段の段瀑で、上から40、58、92、126mの落差がある。通常の水量は毎秒1t前後だが、雪解け水が増える春などには毎秒100tにも達するという。その頃は、称名滝の右側にハンノキ滝が現れ、さらに水量が増えると、ハンノキ滝の右側にソーメン滝（上流にあるP186の同名滝とは別の滝）まで現れることがある。

ハンノキ滝の落差は、497mともいわれ、称名滝よりも断然高いが、常時存在しない滝なので、落差の比較対象にされることは少ない。

約10万年前。称名滝は、現在より15㎞下流の富山市小見付近にあったと推定され、その後、熔岩台地の溶結凝灰岩《ようけつぎょうかいがん》層を削り取って1年間に10㎝ずつ後退。この後退の跡として「悪城《あくしろ》の壁」が生まれ、さらに現在の位置に達したとされる。一方、滝の上流には、称名廊下と呼ばれる深さ150mのV字谷が続き、富山県の名勝に指定されている。

なお、戦争中には、電力不足に対応するため、称名滝の3段目滝壺から取水して水力発電に利用する計画が立案され、実際に岩壁が掘削されたことがある。計画はその後、白紙に戻されたが、現在でもその跡は残っている。

DATA

◆取材メモ

称名滝は、4月下旬～11月中旬の7時～17時30分（7～8月は6時～18時30分）のみ訪瀑可。

◆交通アクセス

車：北陸自動車道立山ICから県道経由で約29km。称名平駐車場（無料）がある。電車・バス：富山地方鉄道立山線立山駅から立山黒部貫光の称名滝探勝バスで15分、終点下車。

◆問い合わせ

立山町観光協会☎076-462-1001

紅葉に彩られた称名滝。右側は、水量が多い時だけ現れるハンノキ滝（10下）

かのウェストンも訪れた

平湯温泉

平湯大滝

日本の滝百選

ひらゆおんせん　ひらゆおおたき

岐阜県高山市

標高1450m／落差64m／北／徒歩15分／家族連れ

平湯大滝は、高原川の上流、大滝川に懸かる直瀑で、日本の滝百選と岐阜県の名水50選、飛騨三大名瀑に選定。

平湯温泉の発祥を伝える「白猿《しろざる》伝説」にも、平湯大滝が登場する。戦国時代、武田信玄の家臣・山県昌景《やまがたまさかげ》の軍が飛騨侵攻の際に疲労困憊《こんぱい》して平湯大滝で休んでいると、年老いた白猿が山から下りてきて、山中に湧く温泉に導いてくれた。それが、今の平湯温泉だという。

また、日本アルプスを世界に紹介した、かのウォルター・ウェストンも訪れており、その著書『日本アルプスの登山と探検』の中で「幅の広い白布のようになって、200フィートも下の滝壺へ雷のような轟《とどろ》きとともに落ちてゆく」と描写している。邦訳版では「平湯の滝」としか書いていないが、これは「平湯大滝」を指すものと思われる。

松本方面からは、国道158号を西進し、安房トンネルを越える。トンネルを抜けた平湯温泉スキー場の奥に観瀑者用の駐車場がある。周辺は奥飛騨平湯大滝公園として整備されているが、現在は休園中で、以前あったシャトルバスも現在は運行されていない。

駐車場から滝に続く道路を進むと、滝が見え始め、やがて小径になり、終点の観瀑ポイントに達する。

ここからも少し距離があるが、力強く水を落とす姿は見応え十分だ。

奥飛騨平湯大滝公園の無料駐車場

かつては、滝壺まで行くことができたが、現在はその手前が遊歩道の終点になっている（6中）

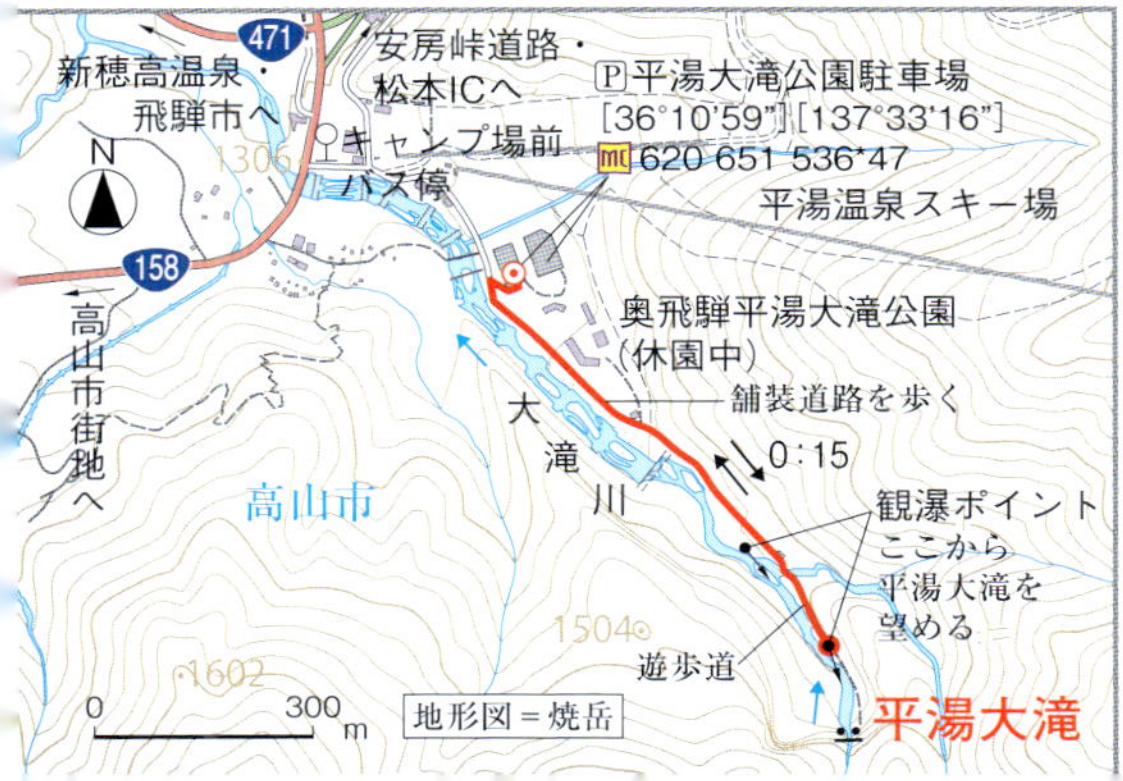

DATA

◆**交通アクセス**

車：長野自動車道松本ICから国道158号、安房峠道路（有料）、国道158号、市道経由で約46km。奥飛騨平湯大滝公園に無料駐車場。電車・バス：松本バスターミナルから高山濃飛バスセンター行きアルピコ交通バス・濃飛バスで1時間25分、キャンプ場前下車。

◆**問い合わせ**

奥飛騨温泉郷総合案内所☎0578-89-2458
高山市観光課☎0577-35-3145

江戸時代の古文書にも記述がある

御嶽山麓

根尾の滝

日本の滝百選

おんたけさんろく　ねおのたき

岐阜県下呂市

標高960m／落差64m／南南西／徒歩1時間5分（往復2時間15分）／一般

159 深山幽谷の雰囲気に包まれた根尾の滝。時間はかかるが、行く価値は十分ある（8上）

下呂市小坂《おさか》地域は、滝が多いことで知られ、高さ5m以上の滝が、200ヶ所を越えるという。その中でも代表的な名瀑が、根尾の滝といえるだろう。飛騨川の支流、濁河《にごりご》川に懸かる直瀑で、日本の滝百選にも選定されている。

飛騨小坂駅付近から県道437号に入り、とりあえず岐阜県の天然記念物に指定されている巌立《がんだて》を目指す。その巌立や「がんだて公園」駐車場を見送り、さらに椹谷《さわらだに》林道を5kmほど入ったところに根尾の滝駐車場とトイレがある。

駐車場には、環境維持協力金への協力を求める看板と募金入れが設置されているので、なるべく協力したい。

奥に向けて林道を少し歩き、標識に従って左の小径《こみち》に入る。旧御嶽登山道の2合目を示す石標を見て、ほどなくつづら折りの下りとなる。

揺れる吊り橋で渓谷を渡り、一面がオシダで覆われた林床を抜ける。やがて木造の展望台があり、対岸に「あまどり岩」を望める。御嶽火山の熔岩がつくる大岩壁で、ここがコースの中間地点だ。

渓谷の右岸斜面を、アップダウンを繰り返しながらトラバース。河原に出れば、もう目的地は近い。

手前からも滝を望めるが、最後にハシゴを上がれば、目的の観瀑ポイントだ。目の前に根尾の滝が、悠然と水を落とし、付近は深山幽谷の気にあふれている。時間がかかる割に観瀑者は比較的多いが、それでも「秘境」と形容したくなる場所だ。

こんな山奥の滝にもかかわらず、江戸中期の古文書『飛《ひ》州《しゅう》志《し》』などにも記述があり、古くからその存在は知られていたようだ。

コースシミュレーション

❶根尾の滝駐車場の少し先で、「根尾の滝遊歩道」へ

❷渓谷に向けて、ジグザグの道をぐんぐん下る

❸渓谷に降り立ったら、吊り橋を渡る

❹巌立と同じく御嶽火山の熔岩が作る、あまどり岩

❺河原に出た。白いペンキ印に従って上流へ進む

❻根尾の滝観瀑ポイントに到着。足を滑らせないように

DATA

◆アドバイス

手前には、次項「三ツ滝」、P164「からたに滝＋あかがねとよ」の滝もある。併せて訪瀑したい。

◆交通アクセス

車：長野自動車道松本ICから国道158号、安房峠道路（有料）、国道158、41号、県道、椹谷林道（未舗装）経由で約118km。根尾の滝駐車場（無料）がある。

◆問い合わせ

飛騨小坂ビジターセンター☎0576-62-2215

下呂市観光課☎0576-24-2222

根尾の滝駐車場とトイレ

円空上人が座禅を組んで心を静めた

御嶽山麓・巖立峡

三ツ滝

おんたけさんさんろく・がんだてきょう みつだき

岐阜県下呂市

標高680m／落差22m／北北西～北西／徒歩15分（往復25分）／家族連れ

　岐阜県の天然記念物に指定されている「巖立《がんだて》」は、高さ約72m、幅約120mもある大岩壁。約5万4000年前の御嶽火山噴火で流出した熔岩が固まり、さらに椹谷《さわらたに》の水流が数万年の年月をかけて削り出したものだ。三ツ滝は、その岩壁沿いに懸かる滝である。

　起点のがんだて公園には、駐車場や食堂、案内所、トイレなどがある。まずは、駐車場の前に屹立《きつりつ》する巖立を見上げてから、三ツ滝コースへ。両岸から岩壁が迫る渓谷を進むと、その奥に白水を描く三ツ滝が見えてくる。

　下から落差5m、11m、6mの三つの滝から構成される段瀑で、滝自体の規模は大きくないが、深く切れ込んだ渓谷の様相と相まって、見事な景観を形作っている。

　赤い欄干の滝見橋からは下の2段しか見えないが、階段を上がると、上段の滝もよく見え、三ツ滝不動明王像が安置された場所に出る。江戸時代の元禄年間（1688～1704）に円空上人《えんくうしょうにん》が、この岩で座禅を組んだとも伝えられ、その解説板もそばに立っている。

　遊歩道はさらに奥へと続くが、三ツ滝だけが目的であれば、ここでUターンしよう。

DATA

◆アドバイス

三ツ滝から、さらに熔岩台地を抜け、次項「からたに滝＋あかがねとよ」に立ち寄る周回コースも可能。

◆交通アクセス

車：長野自動車道松本ICから国道158号、安房峠道路（有料）、国道158、41号、県道、市道経由で約113km。がんだて公園に無料駐車場。

◆問い合わせ

飛騨小坂ビジターセンター☎0576-62-2215

下呂市観光課☎0576-24-2222

がんだて公園の無料駐車場（上）。岐阜県の天然記念物に指定された大岩壁「巖立」（右）。岩質は、御嶽火山から噴出した摩利支天熔岩が固まった両輝石安山岩で、柱状節理が見られる。巖立橋から撮影

163 三ツ滝の下の２段を階段から撮影。滝が懸かる岩壁は石英斑岩でできている（6上）

からたに滝。滝の両側にそそり立つ御嶽火山の熔岩に由来する柱状節理の岩盤が独特な景観を作り出す（6中）

規模は小さいが景観は見事

御嶽山麓 巖立峡 からたに滝 あかがねとよ

おんたけさんろく・がんだてきょう からたにだき／あかがねとよ

岐阜県下呂市　からたに滝＝標高770m／落差15m／西。あかがねとよ＝標高770m／落差14m／北西。徒歩2分（往復5分）／家族連れ

根尾の滝（P158）と三ツ滝（前項）の間にある二つの滝。どちらも落差は15mほどなので、大きくはないが、透き通るようなサファイアブルー色の滝壺といい、苔むす岩肌といい、滝だけでなく周囲も一体となって見事な景観美を見せている。

　根尾の滝と同様、まずは巌立を目指し、さらに椹谷《さわらたに》林道を奥に進む。かんだて公園から2kmほどで、駐車スペースと案内板が左手に見えてくる。ここに車を置き、小径を下れば滝まではすぐだ。

　手前右手に見えるのが「あかがねとよ」である。滝の名前らしくないので「あかがねとの滝」と呼ぶこともある。椹谷の支流・唐谷《からたに》に懸かり、岩盤は、まるで雨樋《あまどい》を斜めにしたように凹んでいる。岩が赤く苔むして銅のように見えたので「あかがね」。「とよ」とは雨樋の意だそうだ。

　一方、奥に懸かるのが、「からたに滝」だ。椹谷本流の滝だが、唐谷との出合にあることからこの名前が付いたという。V字状に切れ込んだ柱《ちゅう》状節理《じょうせつり》の熔岩の隙間から、白水が短い弧を描いている。晴れた日の午後、太陽光線が差し込むと、滝の前に虹が出ることもある。

あかがねとよ。水量が減って涸れることも

滝の入口。ここを下るとすぐ

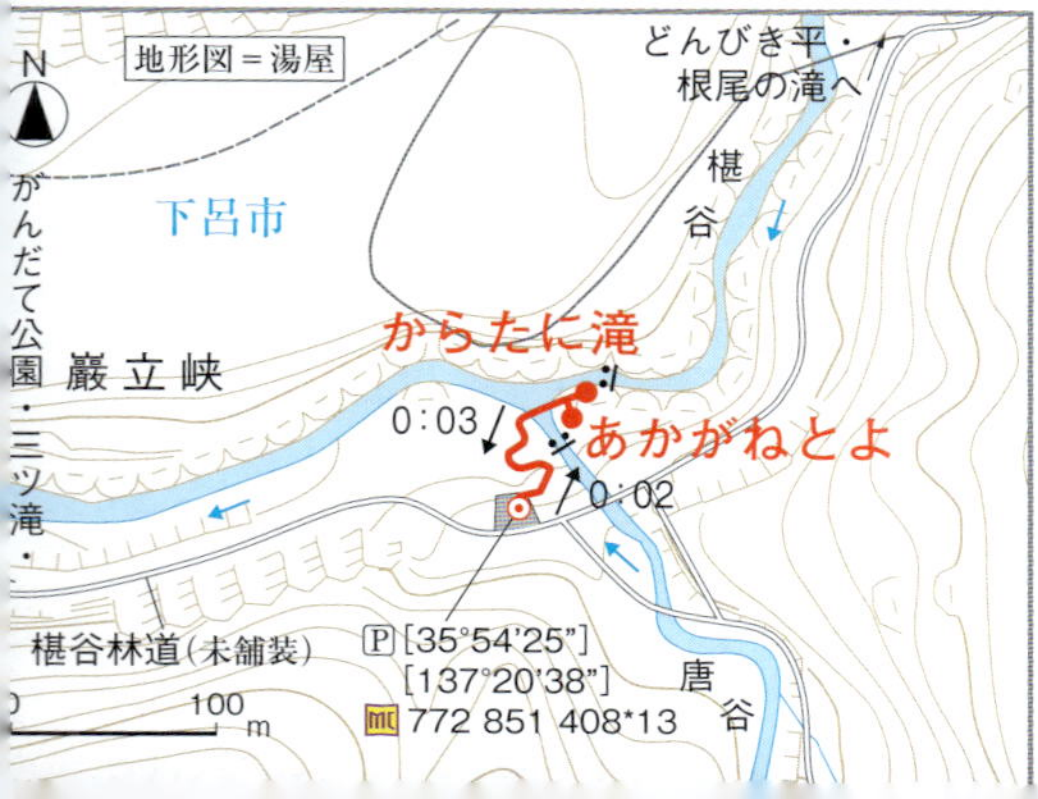

DATA

◆アドバイス

三ツ滝と併せて訪瀑するプランがお勧め。

◆交通アクセス

車：長野自動車道松本ICから国道158号、安房峠道路（有料）、国道158、41号、県道、市道、林道経由で約115km。滝の入口に駐車スペースがある。

◆問い合わせ

飛騨小坂ビジターセンター☎0576-62-2215

下呂市観光課☎0576-24-2222

Column

なぜ多い？ 不動滝

およそ1割は不動滝 !?

滝の名称には、なぜか不動滝が多い。本書に掲載した全120ヵ所の滝のうち、「○○不動滝」「不動の滝」さらに別名としての分も含めれば、不動関連の名称は、計15ヶ所にもなる。手元にある他の滝ガイドブックでも数えてみると、全体の５～19％が、やはり不動関連の名称だった。

○○不動滝も、昔は単に不動滝と呼ばれていたが、同名の滝が多いので、それらと区別するために地区名や河川名を冠したらしい。

日本の滝百選に選ばれた滝を見ても、不動の滝（岩手県八幡平《はちまんたい》市）、棚下の不動滝（群馬県渋川市）、原不動滝（兵庫県宍粟《しそう》市）、不動七重滝（奈良県上北山村）の４瀑が入っていた。地方や地域によっても多少のバラツキはあるが、確かに「不動」は、滝の名称としてありがちなのだ。

滝と不動明王の関係

それにしても滝の名称には、なぜ不動滝が多いだろうか。調べてみると、どうも密教や修験道と深いつながりがあるらしいことがわかった。

不動とは、不動明王に由来し、この仏様は、密教の本尊である大日如来の化身とされ、右手に剣（三鈷剣《さんこけん》）、左手に縄（羂索《けんさく》）を持ち、炎（迦楼羅焔《かるらえん》）を背負い、憤怒の形相をした姿で祀《まつ》られる。従って、その特徴を持つ石像であれば、すぐに不動明王だとわかる。確かに滝周辺では、不動明王の石像をよく見かける。この背景には、おそらく次のようなことがあるものと考えられる。

不動明王の教えを記した『聖無動尊大威《しょうむどうそんだいい》怒王秘密陀羅尼経《ぬおうひみつだらにきょう》』という教典に「河水に入って念誦《ねんじゅ》を作し……」とあることに習い、密教や修験道では盛んに滝行が行われた。滝に打たれれば、雑念が取り払われ、精神統一がしやすい。そのため修行方法として全国に広く普及したのだろう。当然、その行場にも不動明王像が祀られることが多かったものと想像される。そして滝に不動明王像が祀られていたので、自然と不動滝と呼ぶようになった。そんな場所が各地にあったので、必然的に不動滝が多くなったというわけだ。

つまり、不動滝と呼ばれる滝は、たとえ現在は廃れていたとしても、過去には滝行が行われていた証拠といえるかもしれない。

逆に北海道では、密教や修験道の修行で山に入る歴史がない上に、多くがアイヌ語地名に由来し、日本語地名の歴史自体も新しいため、不動滝は極めて稀《まれ》である。

不動明王像。右から不動の滝（岩手県八幡平市、日本の滝百選）、三滝（長野県北相木村）、麻苧の滝（群馬県安中市）で撮影。古い石像も新しい石像も、すべて剣と縄を持っている

山の秘湯の奥に水を落とす

御嶽山麓・濁河温泉

仙人滝

おんたけさんろく・にごりごおんせん せんにんたき

岐阜県下呂市

標高1845m／落差30m／北西／徒歩15分／家族連れ

　御嶽山の山懐に抱かれた秘湯・濁河温泉。その温泉街の最上部には、御嶽山・小坂《おさか》登山口があり、仙人滝は、この奥に懸かっている。

　御嶽山といえば、2014年に突如、噴火して犠牲者が出たことは記憶に新しい。現在も火口周辺は立ち入り規制が続いているが、飛騨頂上周辺の規制は解除され、仙人滝まで往復することは何ら支障はない。

　濁河温泉へは、いくつかのルートがあるが、いずれも山の中にぐねぐね続く道を走ることになるので、時間に余裕を見た計画にしたい。

　小坂登山口の駐車場から橋を渡って奥に10分ほど進むと「仙人滝遊歩道」と書かれた道標が立っている。直進すれば、御嶽山の小坂登山道へ至るが、道標に従って左に曲がると、ほどなく木橋を渡って仙人滝が前方に見えてくる。

　かつて行者が滝行をしていた滝で、滝の名前は、彼らを「仙人」にたとえたものともいわれる。断崖から真っすぐな白水を落とす姿が見どころだが、ごくわずかに上部で分岐している。付近では、苔むした岩肌に沢水がちょろちょろと落ち、川からは、わずかな硫黄臭が漂っている。

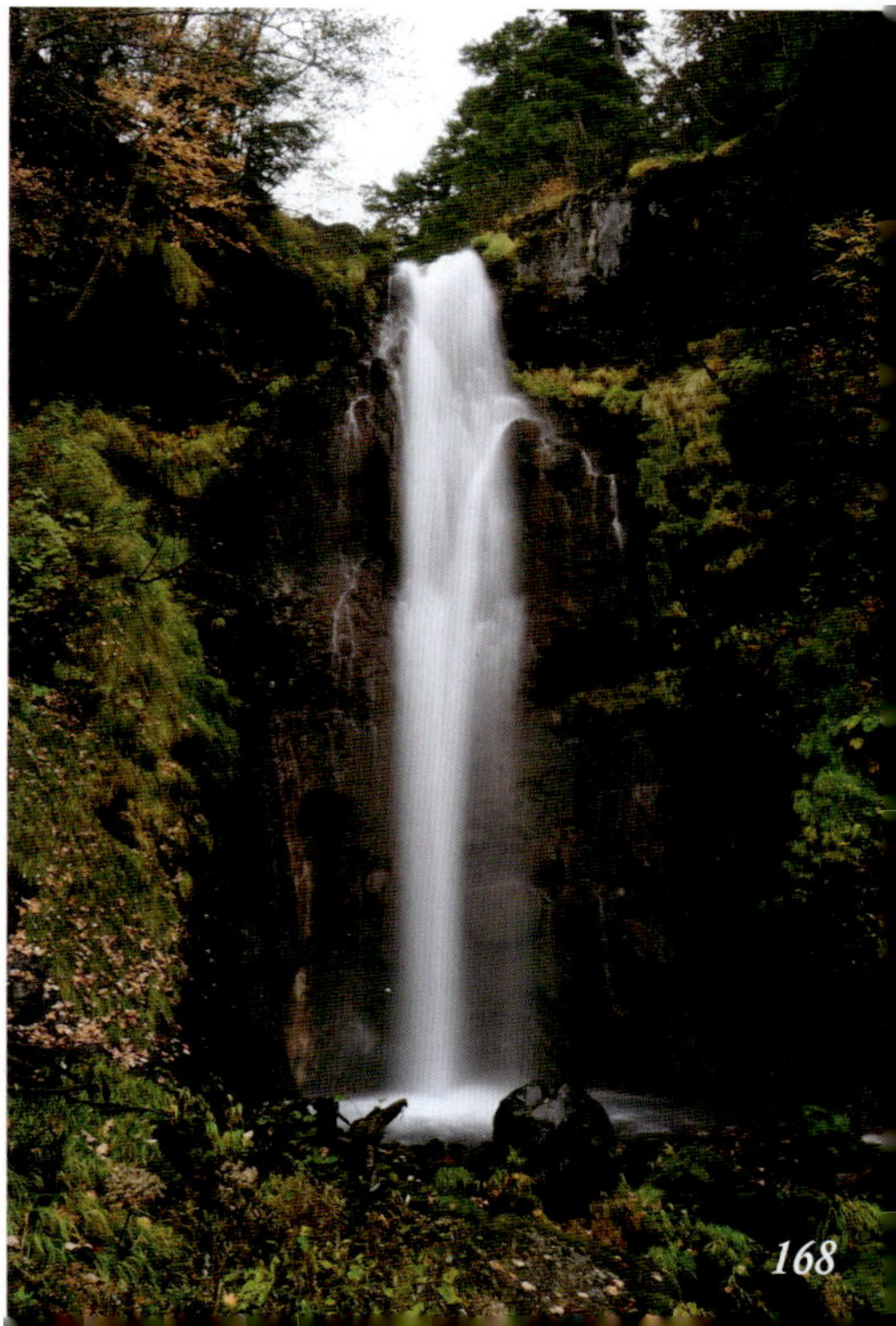

滝の周辺は、シラビソなどの針葉樹林に覆われている（10下）

DATA

◆交通アクセス

車：中央自動車道伊那ICから県道、国道361号、権兵衛トンネル、国道361、19、361号、県道経由で約81km。小坂登山口に無料駐車場がある。電車・バス：JR中央本線木曽福島駅から濁河温泉行きおんたけ交通バスで1時間25分、終点下車。※運行時期・運行日注意。便数少ない。

◆問い合わせ

飛騨小坂ビジターセンター☎0576-62-2215
下呂市観光課☎0576-24-2222

渓谷の上流で白線を描く

阿寺山系・付知峡

高樽の滝

あてらさんけい・つけちきょう　たかだるのたき

岐阜県中津川市

標高720m／落差20m／西南西／徒歩すぐ／家族連れ

阿寺山系に降り注いだ雨は、やがて集まって深い渓谷を下るが、一帯は付知峡と呼ばれ、澄んだ清流が特徴だ。

渓谷には、多くの滝が知られ、中でも付知川と高樽川の出合に懸かる高樽の滝は、上流に位置するために後半が未舗装となる林道白川付知線でアクセスする必要があり、行きづらい滝であることは間違いない。しかし、そんなマイナス要素を差し引いても見に行く価値はある。

特に新緑の時期がいい。鮮やかな緑と灰色の岩壁、それにコバルトブルーの滝壺との色の対比が素晴らしく、山の中の秘瀑のような風情を醸し出しているのも評価できる。

２本の橋が並ぶ林道沿いに滝の標識と駐車スペースがあり、その橋の上から滝がよく見える。また階段を下りたところにも観瀑台があり、さらに河原に下りることも可能。

中津川ＩＣから国道２５７号を北上。付知峡大橋を渡った先の付知峡口交差点を右折して県道へ入る。やがて渡合《どあい》温泉方面に続く林道白川付知線へ。林道は付知川沿いにのび、前半は舗装されているが、後半は未舗装。しかし、路面状態は比較的良好で、普通車でも走行は可能だ。

鮮やかな新緑に覆われた高樽の滝（5下）

DATA

◆アドバイス

手前には観音滝、不動滝、仙樽の滝もある。入口は観光地みたいな印象だが、併せて訪瀑したい。

◆交通アクセス

車：中央自動車道中津川ICから国道19、257、256号、県道486号、市道、林道白川付知線（後半未舗装）経由で36km。滝前に駐車スペース。

◆問い合わせ

付知町観光協会☎0573-82-4737

中津川市付知総合事務所☎0573-82-2111

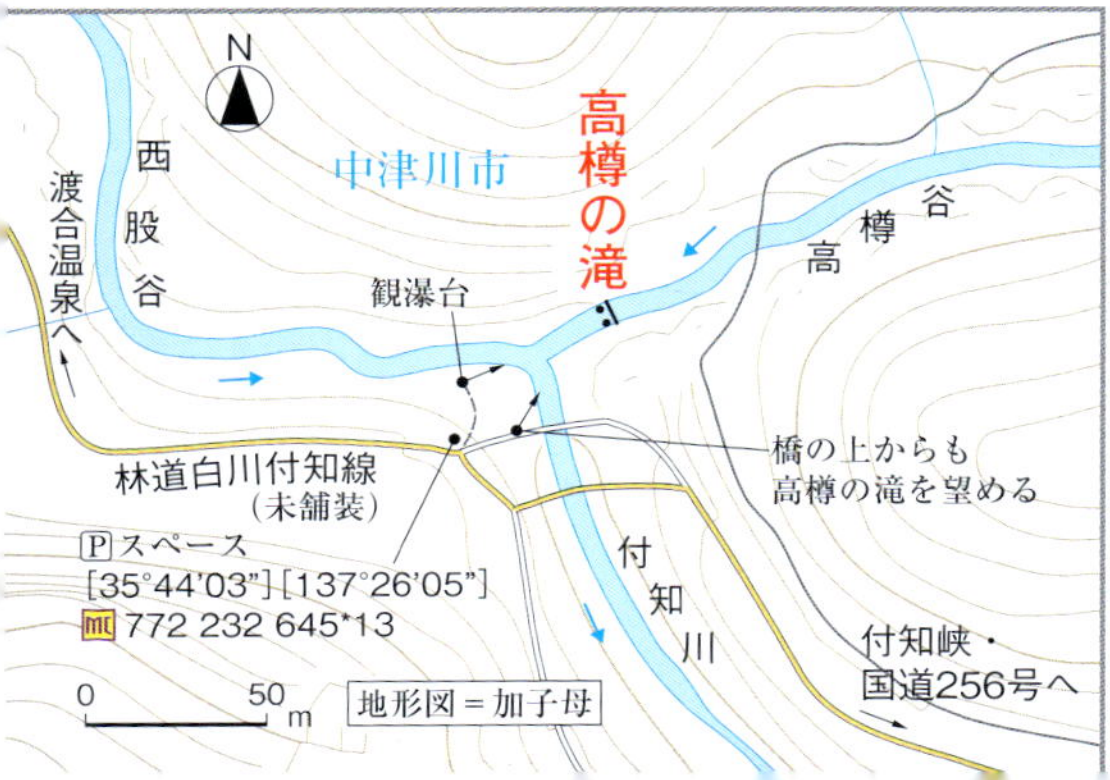

山の中腹に仲良く並ぶ二つの滝

阿寺山系・乙女渓谷

夫婦滝

あてらさんけい・おとめけいこく　めおとだき

岐阜県中津川市

標高1350m／落差80m／西～北西／徒歩1時間30分（往復2時間35分）／一般

阿寺山系・小秀山《こひでやま》の二ノ谷ルートが通る乙女渓谷は、加《か》子母《しも》川の源流域にあたり、複数の滝が見られる。特に見事なのが、夫婦滝だろう。

中津川市の北部、国道257号で加子母大橋を渡った先で「乙女渓谷」の標識に従って右折。渓谷入口には、加子母森林組合の乙女渓谷キャンプ場があり、その中央管理棟右手から歩き始める。

深い渓谷内の道とはいえ、しばらく幅の広い木造の桟道と階段が続くため、非常に歩きやすい。乙女淵、碧水《へきすい》湖、屏風岩を見送ると、最初の滝「ねじれ滝」だ。

付近から桟道は登山道に変わるが、青く澄んだ滝壺が美しい和合《わごう》の滝でひと息つこう。さらに烏帽子岩を望んだ先で、つづら折りの急登が待ち構えているが、それも長くは続かない。やがて旧夫婦滝展望台に達すれば、山肌に2本の白線を描く男滝と女滝をパノラマのように望める。その雄大な景観は、圧巻だ。

最後に男滝展望台から迫力ある姿を堪能したい。岩壁の凹凸によって細かい流れが生じる分岐瀑で、迫力と繊細さを兼ね備えている。初夏には、岩壁に咲くホンシャクナゲが色を添えている。

和合の滝。落差7mほどの小規模な滝だが、青い滝壺が美しい（5下）

男滝展望台から望む男滝。二ノ谷では最大の滝で迫力がある（5下）

ねじれるように流れる「ねじれ滝」（左）。立派な木製桟道と階段が続く碧水湖付近（右）

コースシミュレーション

❶乙女渓谷キャンプ場の中央管理棟（左建物）わきを入る

❷しばらくは渓谷沿いに続く木製桟道をたどる

❸5月中旬～下旬には、ホンシャクナゲの花に迎えられる

❹大きな洞窟と天狗岩を過ぎると避難小屋がある

❺旧夫婦滝展望台からの眺め。男滝（左）と女滝（右）

❻男滝展望台に着いた！　ベンチでひと息つこう

DATA

◆交通アクセス

車：中央自動車道中津川ICから国道19、257、256、257号、市道経由で44km。乙女渓谷キャンプ場に駐車場があり、観瀑者の利用可。キャンプ場開園期間の7～8月のみ有料1日500円。中央管理棟で支払う。

◆問い合わせ

中津川市加子母総合事務所☎0573-79-2111
乙女渓谷キャンプ場☎0573-79-3333

乙女渓谷キャンプ場の駐車場

三滝の近くにある

鏡台山麓 樽滝

きょうだいさんろく たるたき

千曲市
標高800m／落差25m／西向き／徒歩6分／家族連れ

P28で紹介した三滝の近くに懸かっているので、併せて訪問したい。三滝入口から700mほど来た道を戻り、三差路に立つ滝の標識に従う。しばらく舗装林道を進むと、途中、セツブンソウ群生地を見送り、樽滝登り口の案内標識と解説板が見えてくる。滝までは階段と、あとは急斜面のジグザグ道となる。上部の岩壁に25mほどの滝が懸かり、直下から渓流となって下っている。

◆交通アクセス／車：長野自動車道更埴ICから国道18号、県道、林道芝平樽滝線（舗装）経由で約9km。林道路肩に寄せれば駐車可。◆問い合わせ／信州千曲観光局☎026-261-0300

★[36°31'22"][138°11'33"] MC 177 683 314*21

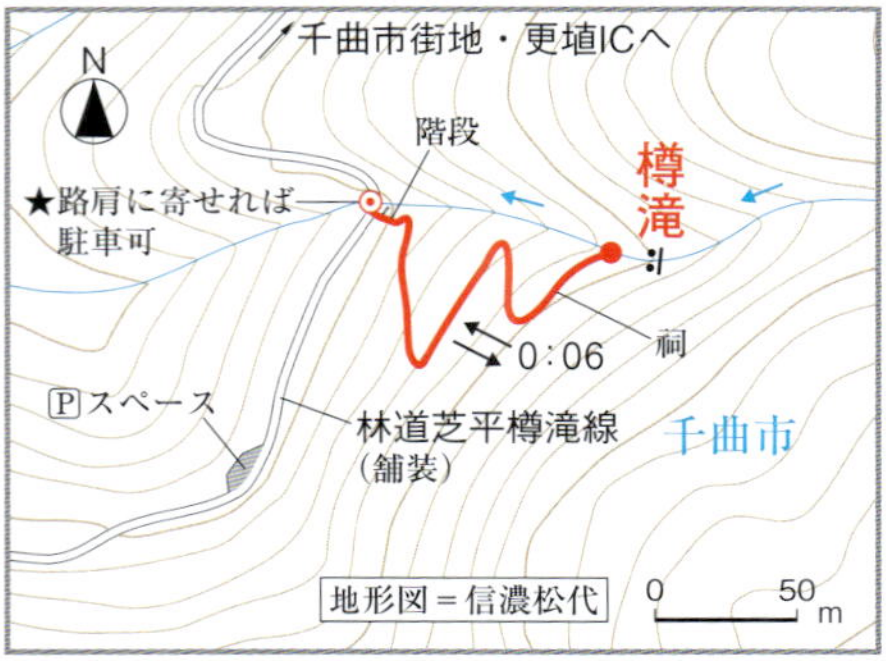

筆者取材時は水量が少なかったが、時期によってはもう少し迫力がある（7上）

その他の滝

本編で紹介できなかった滝はまだまだありますが、その中から一部をまとめて紹介します。掲載順は北信→東信→中信→南信→新潟→群馬→富山→岐阜の順番になっています。ほとんど訪問しやすい滝ばかりです。

若き日の佐久間象山も訪れた

高雄山麓 不動滝

たかおさんろく　ふどうたき

千曲市

標高600m／落差14m／東南東／徒歩6分／家族連れ

千曲市の西端、高雄山の山麓。佐野川の支流・滝の沢に懸かる滝。国道403号の佐野入口バス停がある三差路を右に入り、長野自動車道の高架下の変則四差路から林道不動滝線へ。入口から小径《こみち》を進み、橋を渡ると、その奥に不動滝が現れる。玢岩《ひんがん》の岩壁に懸かり、さらに上流にも2瀑があるという。若き日の佐久間象山《しょうざん》も訪れ、詩を詠んでいるそうだ。

◆交通アクセス／車：長野自動車道更埴ICから国道18、403号、林道不動滝線（舗装）経由で約8km。入口に駐車スペースがある。姨捨スマートIC（松本方面のみ）も利用可。◆問い合わせ／信州千曲観光局☎026-261-0300

P [36°31'02"] [138°03'56"] 177 638 607*20

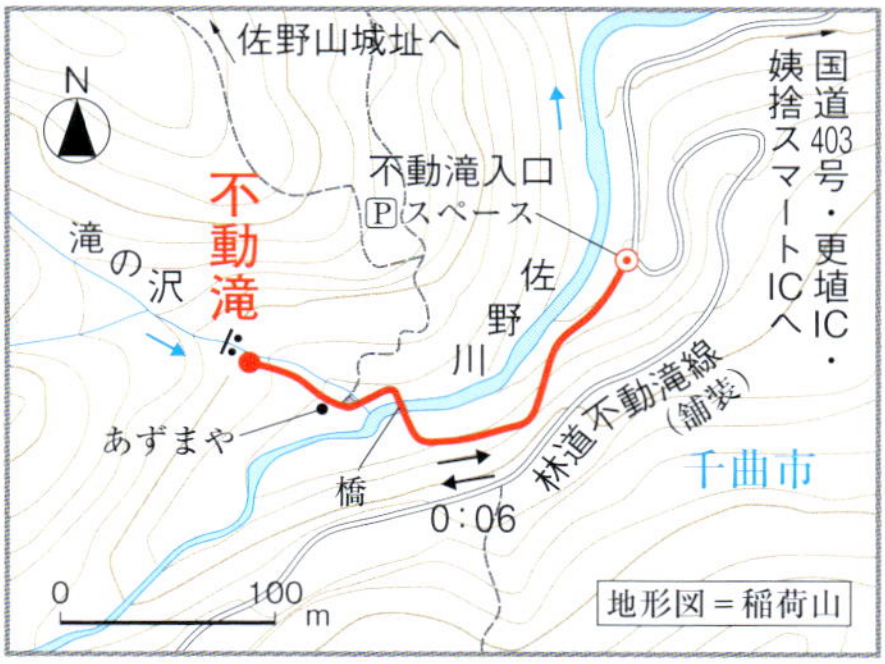

NHK大河ドラマ『風林火山』のロケ地にもなった。近くには佐野山城址もある（8上）

姨捨伝説の山に懸かる

冠着山中腹 久露滝

かむりきやまちゅうふく　くろだき

千曲市

標高820m／落差15m／北西／徒歩15分（往復27分）／家族連れ

千曲市と筑北村《ちくほく》にまたがる冠着山《かむりき》は、別名・姨捨山《おばすて》ともいわれ、姨捨伝説で知られる山。その久露滝登山口から登山道を15分ほど登ると、雄沢《おざわ》川上流の久露滝が現れる。黒い岩壁からサラサラと水を落とし、滝の両側には、杉の古木が威圧するかのようにそそり立っている。また、しめ縄が掛けられた岩陰には不動明王像が祀《まつ》られている。

◆交通アクセス／車：長野自動車道更埴ICから国道18号、県道、林道仙石線（舗装）経由で約11km。久露滝登山口に駐車スペースがある。姨捨スマートIC（松本方面のみ）も利用可。◆問い合わせ／信州千曲観光局☎026-261-0300

P [36°28'45"] [138°06'03"] 177 522 104*20

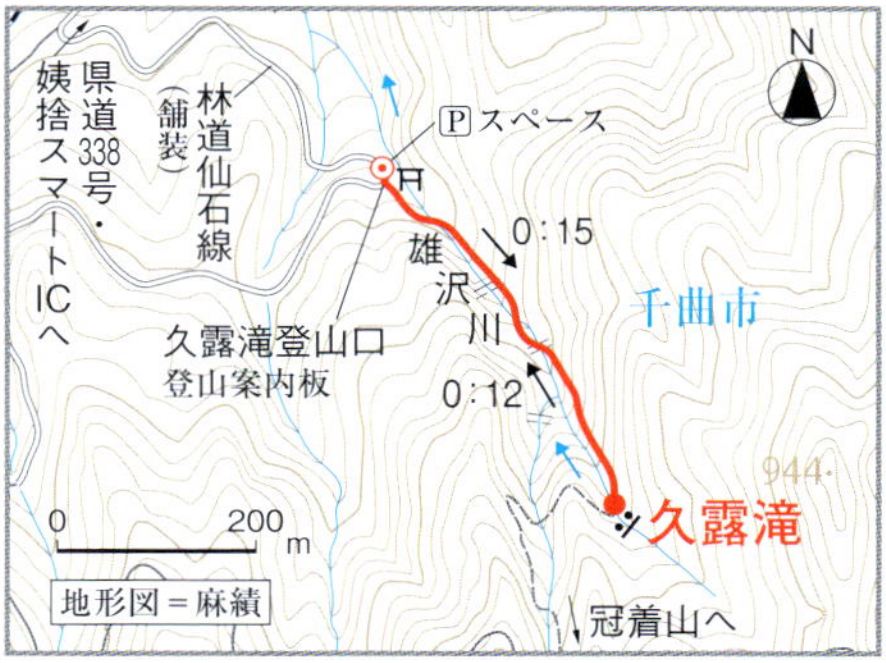

杉の古木数本を従えて水を落とす久露滝。水量は多くないが、涼を感じさせる（8上）

近くの巨岩に由来する

立岩の滝

たていわのたき

南相木村
標高1030m／落差15m／西北西／徒歩2分／家族連れ

本文で紹介した南相木村のおみかの滝（P46）と犬ころの滝（P48）の間にあるのが、立岩の滝。左岸側にある立岩という高さ40mの巨岩が名前の由来だ。県道2号の路肩に滝入口と2〜3台分の駐車スペースがあり、「立岩の滝　100m」の標識が目印。渓谷に向けて小径《こみち》を2分も下れば、滝が見えてくる。緩く傾斜した苔むす岩盤上を滑るように水が流れ落ちており、上下2段ある。

◆**交通アクセス**／車：中部横断自動車道佐久南ICから国道142、141号、県道経由で約30km。入口の県道路肩に駐車スペースがある。◆**問い合わせ**／南相木村振興課☎0267-78-2121

Ⓟ[36°01'33"][138°33'10"] MC 359 381 651*84

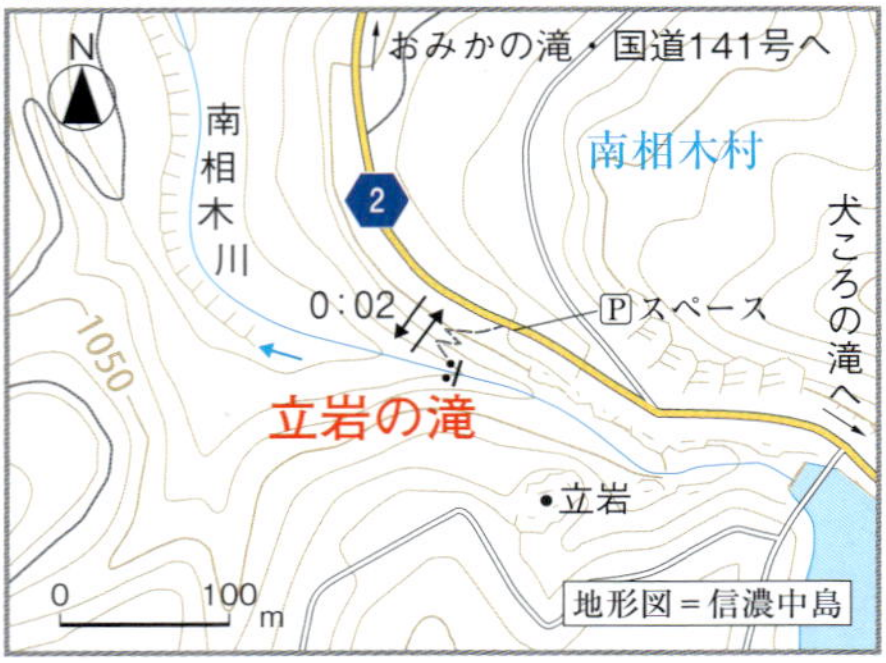

まさに岩を食むような上段の滝。ちょうど太陽光線が滝を照らしていた＝7月3日9時13分撮影

蓼科山中腹の森にある

御泉水自然園 蓼仙の滝

ごせんすいしぜんえん りょうせんのたき

立科町
標高1730m／落差5m／北北西／徒歩30分／家族連れ

蓼科山の北側中腹に広がる御泉水自然園。その園内の東側、シラビソやコメツガなどからなる御泉水の森で静かに水を落とすのが、蓼仙の滝だ。本沢の上流に位置し、苔むした岩からサラサラと流れ落ちる水音が心地よい。御泉水自然園ビジターセンターで入園料を払い、町道を挟んだ向かいの遊歩道へ。徒歩30分ほどで、滝が見えてくる。

◆**交通アクセス**／車：中央自動車道諏訪ICから国道152号、県道、町道経由で約40km。自然園入口に無料駐車場。◆**問い合わせ**／御泉水自然園ビジターセンター☎0267-55-6131、白樺高原総合観光センター☎0267-55-6201

Ⓟ[36°07'41"][138°17'21"] MC 816 125 872*26

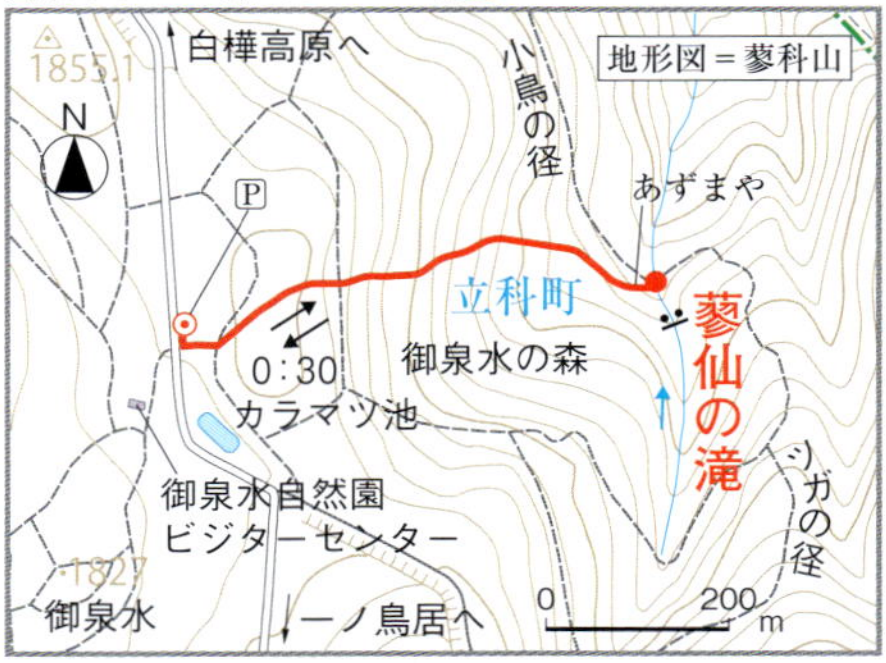

苔むした岩と幾筋かの水流が作る小さな滝。時期によりもう少し水量が多いことも（7中）

昔は雨乞い神事をした

白滝

しらたき

塩尻市
標高1145m／落差13m／東南東／徒歩5分／家族連れ

塩尻市の西端、からたきの峰を水源とする小曽部《こそぶ》川源流部・本沢に懸かる滝。塩尻市と朝日村を結ぶ県道292号から小曽部川沿いに市道を南下する。やがて「木曽義仲公の宿り木」と書かれた石碑とカツラの古木が見えてくる。その先が白滝入口だ。桟道と山道で奥に入ると滝が見え始め、三差路（道標なし）を下れば滝壺の前に出る。水量が多く、白布のような姿で迎えてくれる。

◆交通アクセス／車：長野自動車道塩尻ICから国道20、19号、県道、市道経由で約19km。入口手前に駐車スペースがある。◆問い合わせ／塩尻市観光協会☎0263-54-2001

P [36°03'12"] [137°50'44"] MC 405 206 025*25

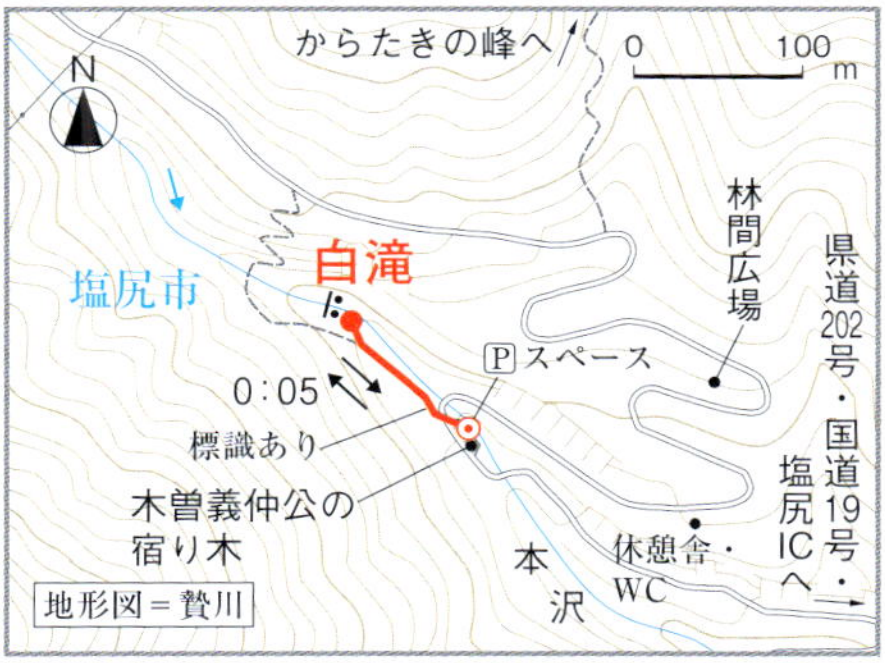

昔は、雨乞いの神事が行われ、滝の上には「白瀧権現」と書かれた石碑が祀られている（10下）

磨崖仏が見守る滝

清音の滝

きよとのたき

大町市
標高760m／落差6m／西北西／徒歩3分／家族連れ

大町市街地から同市八坂《やさか》地区に続く県道55号沿いに入口があるが、筆者取材時は標識がなくて迷った。今後、状況が変わる可能性もあるが、下記地図とカーナビを見比べて訪ねてほしい。電柱が立つガードレールの隙間から小径《こみち》が通じている。ただ橋が流失しており、徒渉《としょう》の際に長靴が必要。支流との合流点付近の岩の間から水を落としている。左岸岩壁に磨崖仏《まがいぶつ》が置かれている点にも注目したい。

◆交通アクセス／車：長野自動車道麻績ICから国道403号、県道経由で約24km。入口前後の県道路肩に駐車スペースがある。◆問い合わせ／大町市観光協会☎0261-22-0190

P [36°29'32"] [137°52'27"] MC 158 855 608*20

かつては「仁科十二景」の一つに数えられる名所だったが、現在は訪れる人もまれ（10下）

幕末の志士・松尾多勢子が歌に詠んだ

不動滝

ふどうだき

豊丘村
標高520m／落差8m／南南西／徒歩5分／家族連れ

豊丘村の南西端。県道18号から壬生沢川《みぶさわ》に沿って村道を東進。じきに「名勝 不動滝」の標識が目に入る。小径《こみち》を下ると、竹林を抜けて滝に到着。幕末の尊皇派志士として活動し、「勤皇《きんのう》の母」とも称せられた松尾多勢子《たせこ》が詠んだ「万世も絶えぬ流れの壬生沢の滝の白糸繰り越しつつ」の歌碑が立つ。半透明のカーテンのような流れが特徴。すぐ上流には、成田不動滝もあるが道はない。

◆交通アクセス／車：中央自動車道松川ICから県道、村道経由で約14km。入口に駐車スペースがある。◆問い合わせ／豊丘村産業建設課 ☎0265-35-9056

Ⓟ[35°31'16"][137°53'56"] MC 143 078 126*11

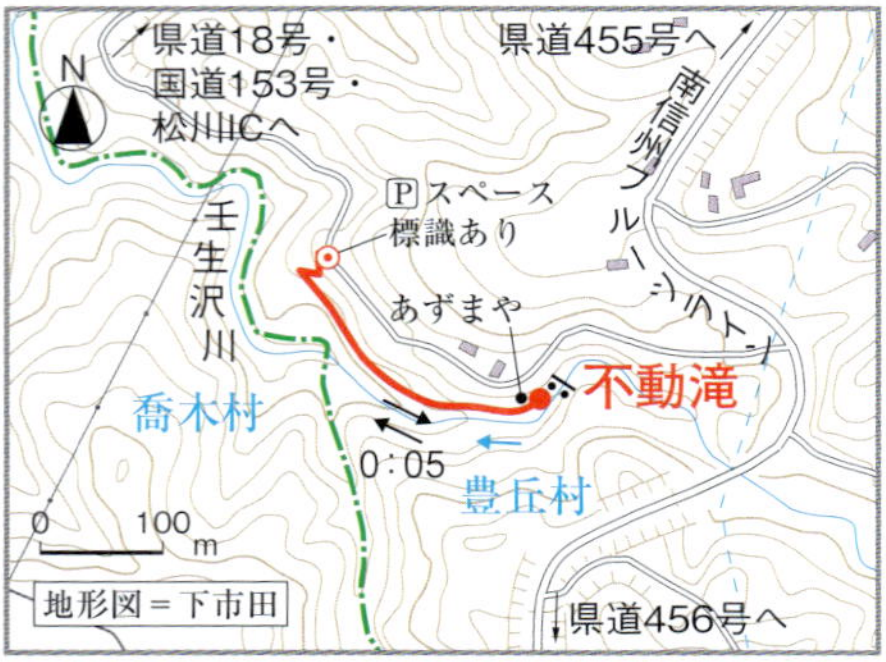

滝の前には、しめ縄が掛けられたあずまやがあり、不動明王が祀られている＝8月5日13時44分撮影

歌川広重が浮世絵で描いた

小野の滝

おののたき

上松町
標高675m／落差12m?／南西／徒歩すぐ／家族連れ

歌川広重《うたがわひろしげ》が、連作浮世絵『木曽街道六十九次』の「上ヶ松」で描いた滝で、当時は木曽八景の一つに数えられていた。現在、国道19号と並行するJR中央本線の鉄橋下にあり、景観的にはあまりよろしくない。落差は20mともいわれるが、2階建て家屋の高さが約7mという事実から考えると、その約3倍の高さがあるとは到底思えない。

◆交通アクセス／車：中央自動車道伊那ICから国道361号、権兵衛トンネル、国道361、19号経由で約43km。国道路肩に駐車スペースがある。◆問い合わせ／上松町観光情報センター☎0264-52-1133

Ⓟ[35°45'42"][137°42'26"] MC 420 040 006*14

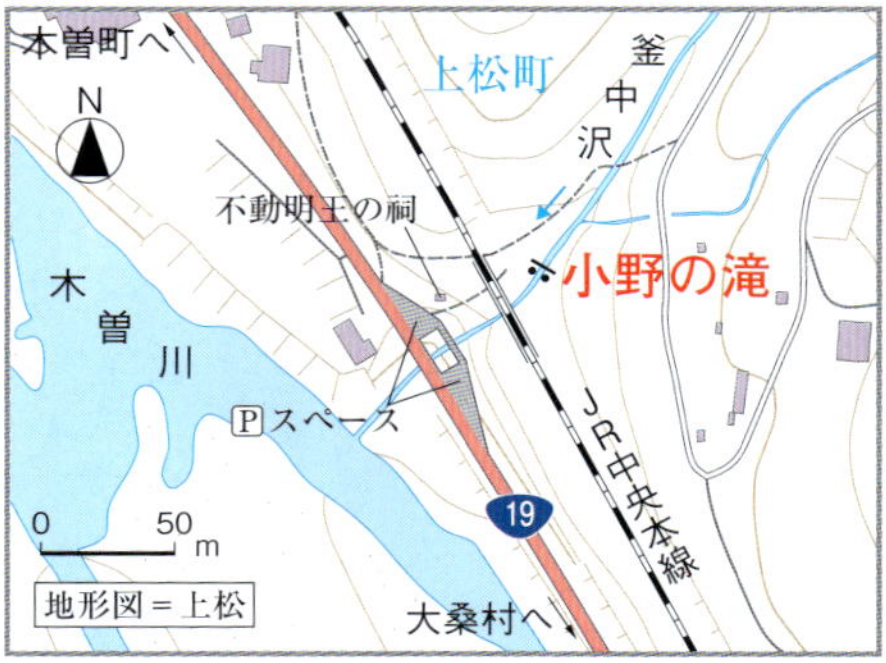

滝の上に鉄橋ができたのは明治42年。この残念な景観は百年以上の歴史がある（8上）

武田信玄が兜を洗った…

信玄滝

しんげんだき

飯田市

標高410m／落差20m／南／徒歩2分／家族連れ

飯田市南信濃地区（旧・南信濃村）の国道418号沿いに立つ、お城のような外観の「そば処 信玄」と滝の案内看板が目印。国道路肩の駐車スペースに車を置き、そば屋向かって左手の階段を下り、コンクリート橋を渡った対岸から奥へ。遠山川支流の柳木瀬《やなぎせ》沢に懸かり、岩壁の凹凸で流れを複雑に変えている。戦国時代、武田信玄が三河攻略の際にここで喉を潤し、兜を洗ったと伝えられる。

◆交通アクセス／車：三遠南信自動車道天龍峡ICから国道151号、県道、国道418号経由で約41km。国道路肩に駐車スペースがある。◆問い合わせ／遠山郷観光協会☎0260-34-1071

P [35°18'34"] [137°54'17"] MC 625 183 687*17

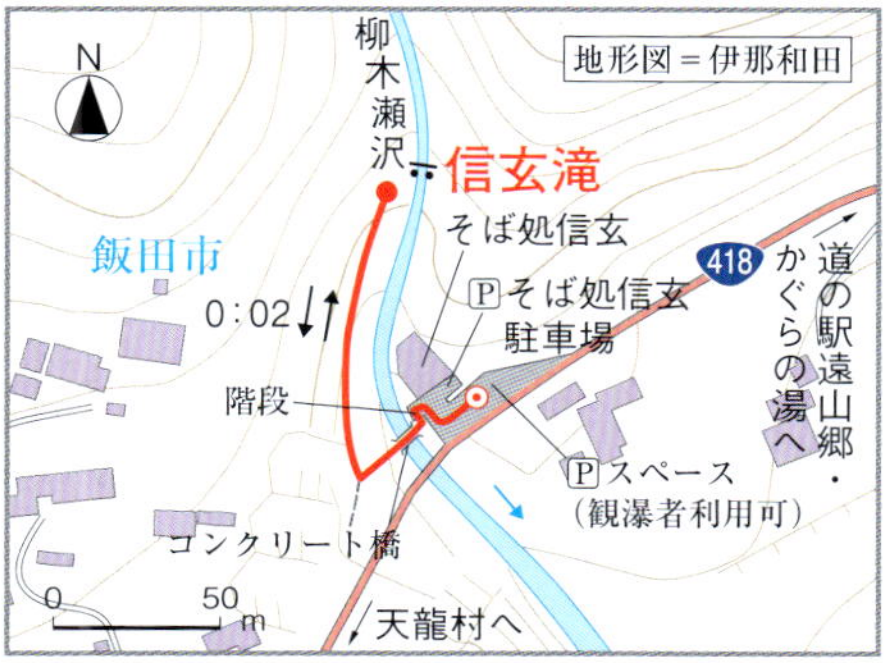

信玄は不動明王像を建立したが、享保3年（1718）の遠山地震によって失われたという（8上）

冬期の氷瀑でも有名

姿見不動滝

すがたみふどうだき

阿智村

標高790m／落差20m／北北西／徒歩3分／家族連れ

阿智村の清内路《せいないじ》地区（旧・清内路村）。国道256号沿いに立つ「姿見不動滝200m」の案内標識が目印だが、車は、滝に続く小径入口に縦列で2台、通常は1台しか止められない。清内路川の支流・不動沢に懸かる滝で、江戸時代宝暦年間から霊験あらたかな滝として知られ、駒ヶ岳の行者が、この滝での修行中に護法の善神の姿を見たことから、この名前が付いたといわれる。冬期の氷瀑も見事。

◆交通アクセス／車：中央自動車道飯田山本ICから国道153、256号経由で約10km。入口に駐車スペースがある。◆問い合わせ／阿智村清内路振興室☎0265-46-2001

P [35°28'56"] [137°42'02"] MC 313 819 432*11

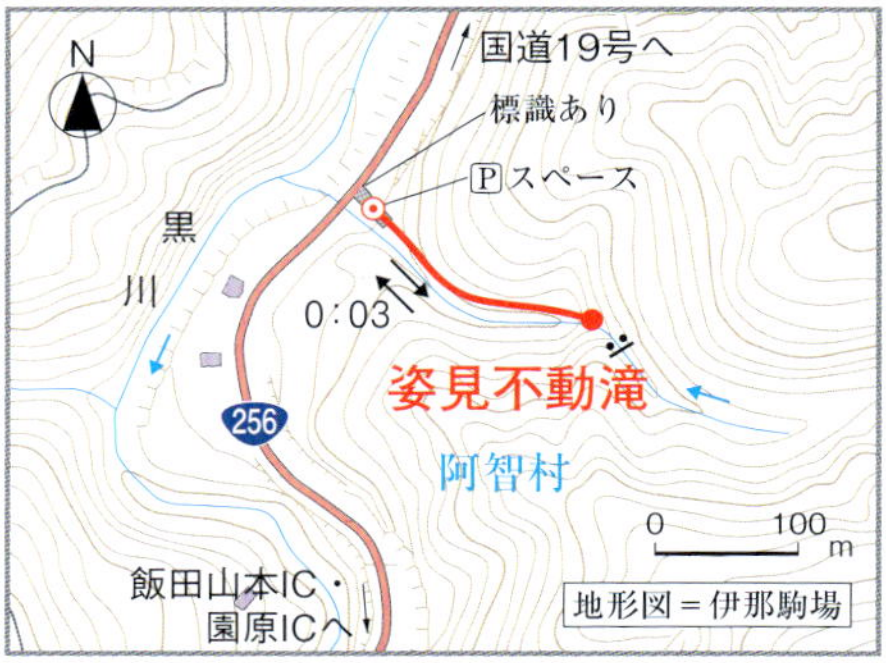

毎年4月28日には、信者が滝に打たれる「不動尊祭り」が開催される＝8月4日16時19分撮影

もともとは四段滝だった

浄心の滝

じょうしんのたき

天龍村
標高330m／落差20m／北／徒歩すぐ／家族連れ

天龍村役場の西約1km、国道418号沿い。滝の案内看板に導かれて旧道に入ると、廃線鉄橋の奥にある。明治時代に建立された不動明王像が祀《まつ》られ、そばに拝殿と解説板が立つ。細い水流が岩壁をぬらすようにサラサラと流れ、小さな滝壺で水しぶきを上げている。もともとは4段の滝で、その途中には橋も架かっていたが、災害があって2段になってしまったという。岩壁にはイワタバコが自生している。

◆交通アクセス／車：三遠南信自動車道天龍峡ICから国道151号、県道、国道418号経由で約30km。旧道入口に駐車スペースがある。◆問い合わせ／天龍村教育委員会☎0260-32-3206

P［35°16'23"］［137°50'30"］mc 313 086 340*17

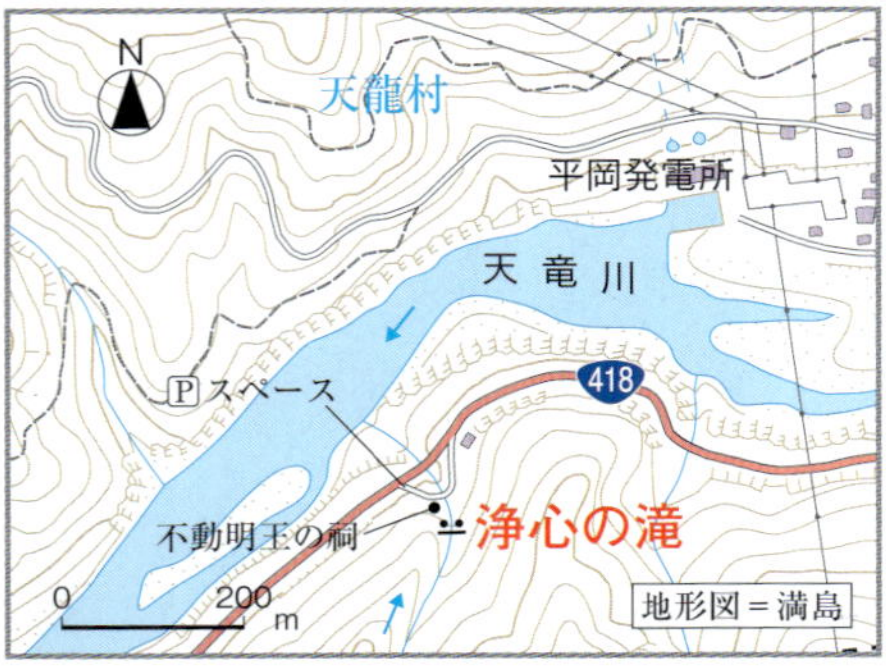

現在でも「寝たきり封じの不動様」として地元の人たちから信仰されている（8上）

和知野川支流に懸かる

不動滝

ふどうだき

天龍村／阿南町
標高390m／落差15m／北東／徒歩8分（往復18分）／一般

天龍村と阿南町の境に懸かる滝で、まずは県道430号沿いの二瀬キャンプ場を目指す。その600m西側の駐車スペースに車を置いて少し戻ると「不動滝」の看板が立ち、直下に滝がある。しかし、斜面には道らしき道もなく、少々危険。あまりお勧めではないが、それでも訪瀑する場合は、カメラなどはザックに入れて両手が使える状態にしておきたい。

◆交通アクセス／車：三遠南信自動車道天龍峡ICから国道151号、県道経由で約22km。近くに駐車スペースがある。◆問い合わせ／天龍村教育委員会☎0260-32-3206、阿南町振興課☎0260-22-4055

P［35°17'36"］［137°47'44"］mc 313 140 744*17

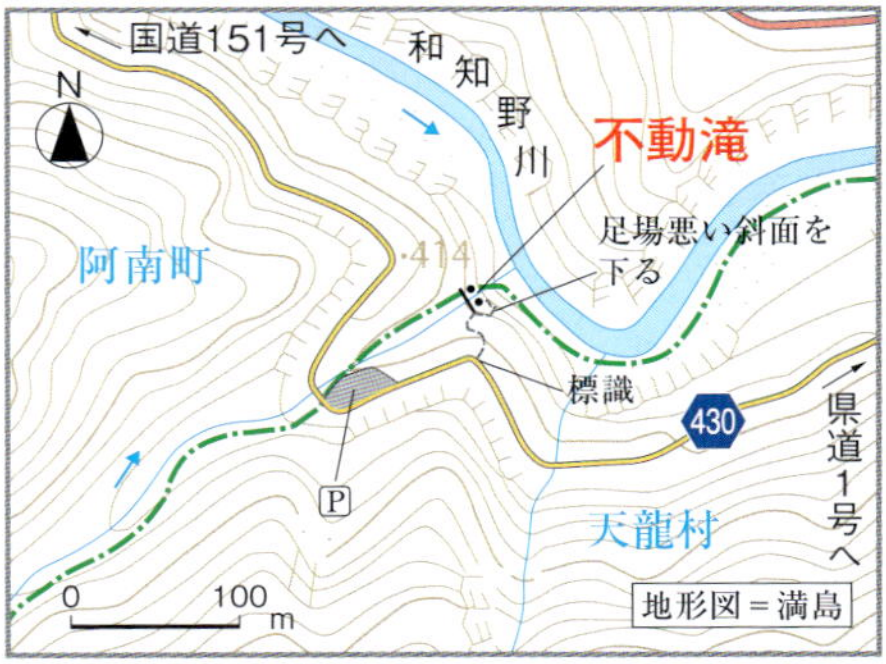

ガードレールを乗り越えて下ると滝が現れる。足場の悪い急斜面なので慎重に下ろう（8上）

猟師の善吉が大蛇に遭遇した

苗場山麓 秋山郷 蛇淵の滝

なえばさんさんろく・あきやまごう じゃぶちのたき

新潟県津南町／長野県栄村

標高640m／落差30m／西／徒歩6分／家族連れ

新潟県津南《つなん》町と長野県栄村の境界上。中津川の支流・硫黄川に懸かる二段滝だが、遊歩道や観瀑台は新潟県側にある。秋山郷の大赤沢地区に観瀑者用駐車場があり、「山源」という商店横から遊歩道へ。田んぼを抜け、あずまやを見送ると、立派な観瀑台が設けられているが、木に覆われて滝の一部しか見えない。写真はズームレンズ60mmで撮影。

◆交通アクセス／車：上信越自動車道信州中野ICから県道、志賀中野道路、国道292号、県道、雑魚川林道（舗装）、国道405号経由で約67km。観瀑者用駐車場（無料）がある。◆問い合わせ／津南町観光協会☎025-765-5585

Ⓟ［36°52'54"］［138°38'19"］MC 790 167 360*32

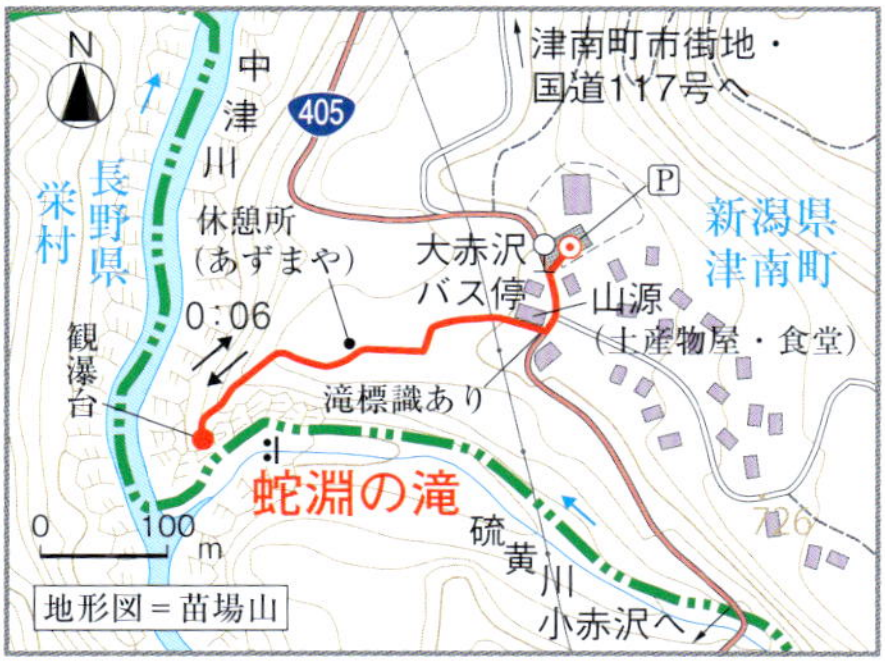

猟師の善吉が、丸太で川を渡ったところ、それは丸太ではなく大蛇だったという伝説にちなむ（7上）

国道418号沿いにある

瀬戸かつら大瀧

せとかつらおおたき

天龍村

標高565m／落差15m／東／徒歩すぐ／家族連れ

取りあえず天龍村村営の立ち寄り湯施設「おきよめの湯」に向かう。そこから国道418号を天龍村役場方面に向けて1kmほど進んだ左手。国道に面し、滝の看板も立っているので一目瞭然だ。付近の国道は、行き違いも困難なほど狭いが、すぐ先の路肩に寄せれば、1台くらいの駐車は可能。かつては無名だったが、滝のそばに大きなカツラの木があったことにちなんで、近年になって命名された。

◆交通アクセス／車：三遠南信自動車道天龍峡ICから国道151号、県道、国道418号経由で約34km。国道路肩に寄せれば駐車可。◆問い合わせ／天龍村教育委員会☎0260-32-3206

★［35°15'11"］［137°46'48"］MC 661 288 898*17

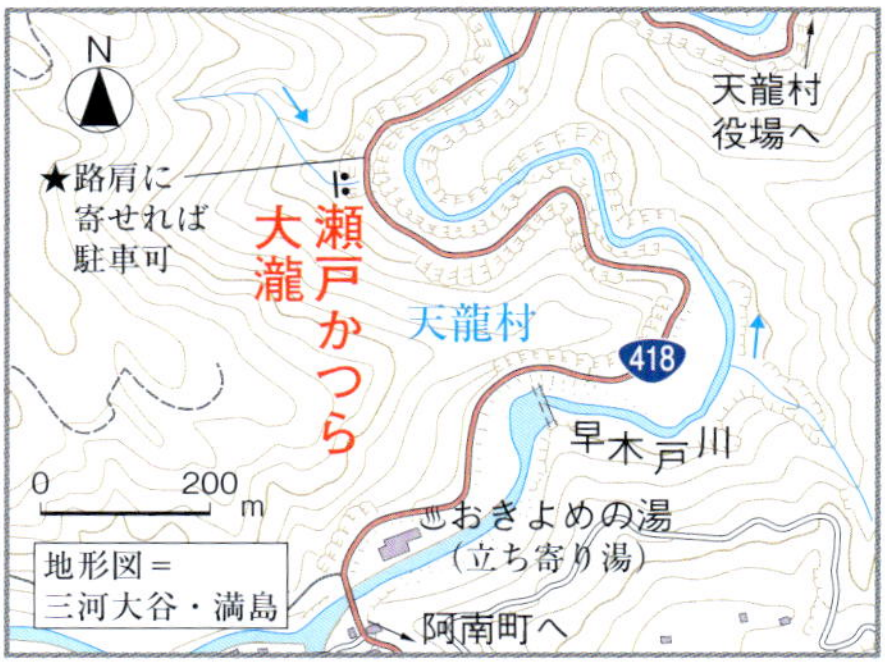

国道に面して落水する。前を走り抜ける車にも滝の飛沫が掛かりそうなほどだ（8上）

大滝という別名もある

妙高山麓 不動滝

みょうこうさんろく ふどうたき

新潟県妙高市
標高820m／落差20m／北東／徒歩すぐ（滝壺までは徒歩5分）／家族連れ

妙高山麓に湧く関温泉の南東、大田切《おおたぎり》川に懸かる滝。かつては妙高山系で最大の滝だったことから大滝と呼ばれていたが、滝壺が土砂で埋まって規模が縮小したという。眼病を治す御利益がある大滝不動尊が滝壺近くにあり、そこへ下りる小径《こみち》（徒歩5分）もあるが、県道396号からでも、十分に観瀑は可能。赤倉温泉から関温泉に向かう途中で車窓に見えてくるので、すぐにわかる。

◆**交通アクセス**／車：上信越自動車道妙高高原ICから国道18号、県道経由で約8km。路肩に寄せれば駐車可。◆**問い合わせ**／妙高市観光協会☎0255-86-3911

★［36°54'17"］［138°09'55"］MC 469 260 156*24

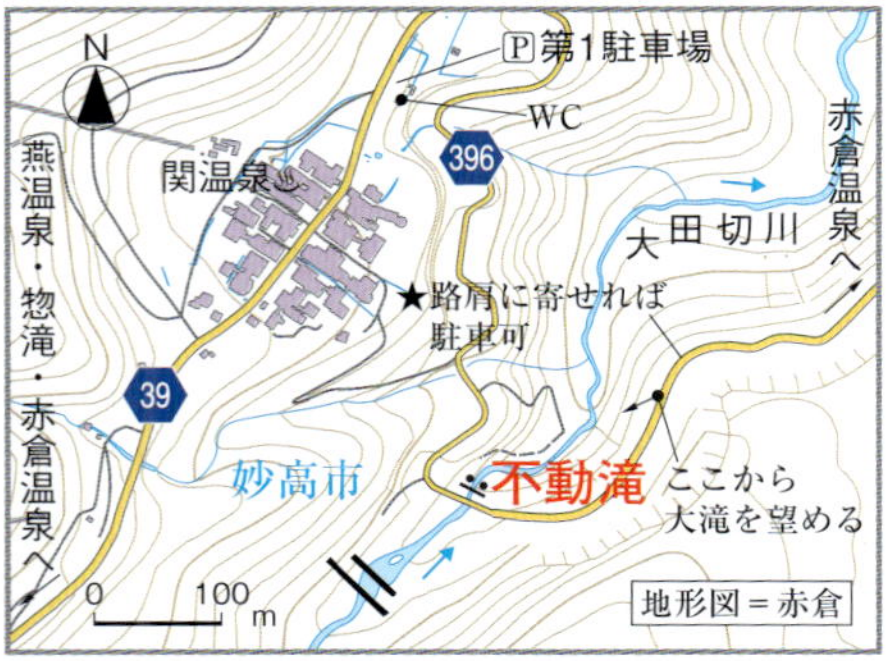

主に2条の流れがあり、右岸側は水流が跳ね返るヒョングリ滝になっている（10中）

与茂四郎という若者に由来

大毛無山中腹 よもしろうの滝

おおけなしやまちゅうふく よもしろうのたき

新潟県妙高市
標高680m／落差20m／東南東／徒歩すぐ／家族連れ

妙高市西野谷《にしのや》地区から林道南葉山《なんばさん》線で上越市名立《なだち》地区に抜ける途中にある。中野川の源流部に懸かり、数段に渡って水を落としている。滝を示す標柱も立っているが、車窓からもすぐに分かる。昔、炭焼きをしていた与茂四郎という若者が、イワナを捕ろうとして滝に落ちて死んだ。その死を悲しんだ恋人も同じ滝に身を投げて後を追った——。そんな悲しい伝説がある。

◆**交通アクセス**／車：上信越自動車道中郷ICから国道18号、県道、林道南葉山線（舗装）経由で約14km。路肩に寄せれば駐車可。◆**問い合わせ**／妙高市観光協会☎0255-86-3911

★［37°00'17"］［138°09'08"］MC 126 003 199*57

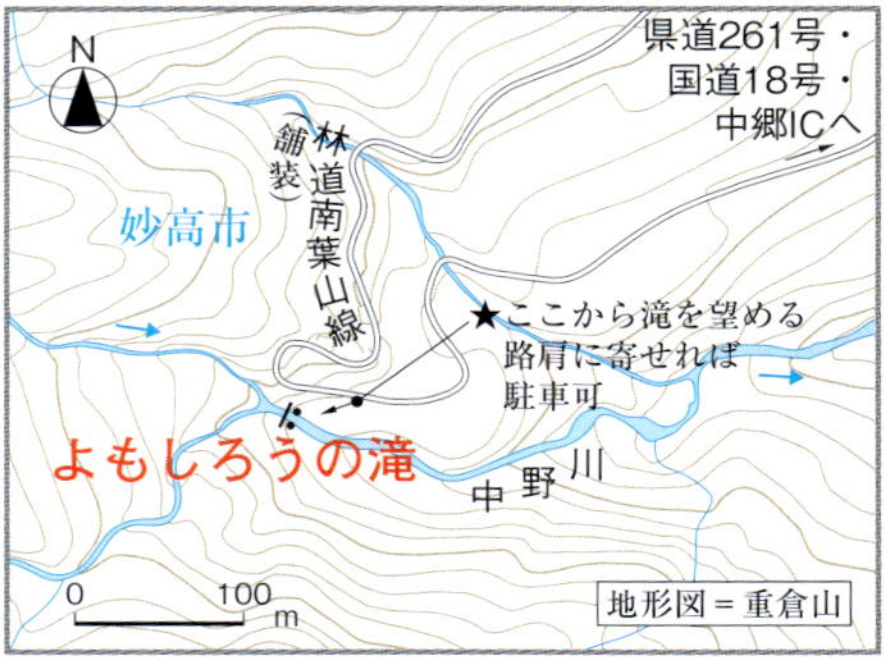

2017年7月に取材した時は草に覆われ、林道からは滝の上部しか見えなかった（7上）

不動堂の直下で水を落とす

太子不動滝

おおしふどうだき

群馬県中之条町
標高790m／落差15m／南東／徒歩5分／家族連れ

中之条町南端、旧・六合《くに》村太子地区にある。町道拡張工事が行われたため、以前の状況と大きく変わった。国道292号から町道太子湯久保線を1.2km進むと、太子不動堂が見えてくるが、この直下に滝が懸かっている。少し手前に谷に下りる坂道があり、滝壺まで行ける。見上げると林道の擁壁が視野に入り、景観はあまりよくない。ただ、上段は幅広なのに下段は細くなる姿が、おもしろい。

◆交通アクセス／車：上信越自動車道上田菅平ICから国道144、292、町道経由約54km。付近に駐車スペースがある。**◆問い合わせ**／中之条町六合振興課☎0279-95-3111

P[36°35'26"][138°36'56"] mc 341 329 427*38

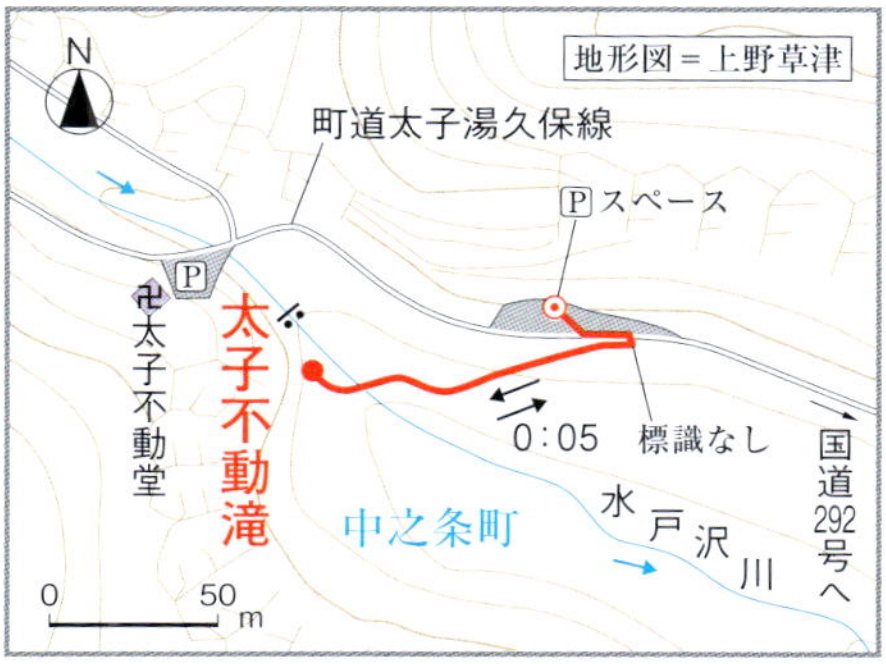

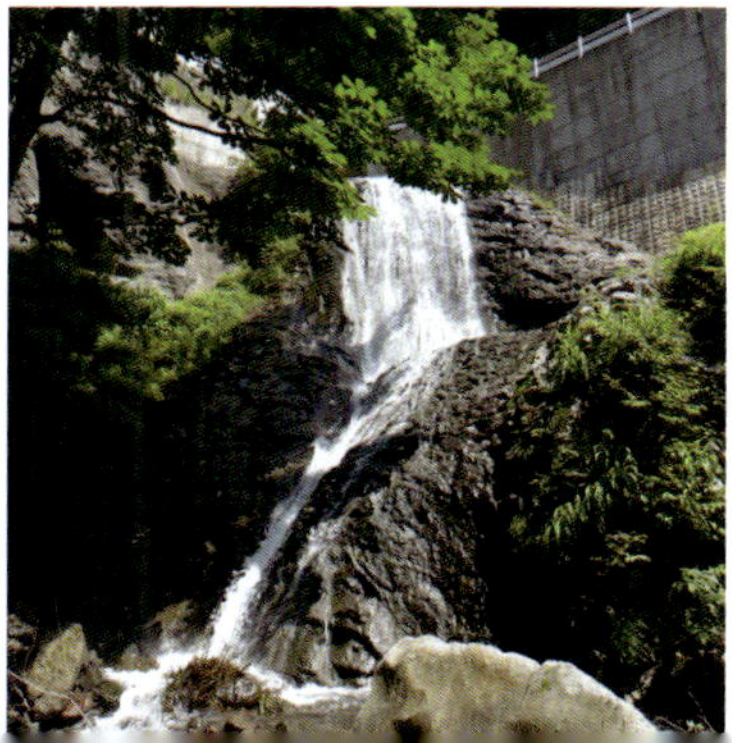

そばに立つトチノキが、無粋なコンクリート擁壁を少し隠してくれる＝7月8日10時11分撮影

笹ヶ峰の奥から登山道をたどる

火打山中腹 ヒコサの滝

ひうちやまちゅうふく ひこさのたき

新潟県妙高市
標高1360m／落差35m／南／徒歩30分（往復55分）／一般

火打山の中腹、鍋倉谷に懸かる滝。県道39号で笹ヶ峰へ上がり、さらに未舗装の妙高小谷林道へ。真川《しんかわ》を杉野沢橋で渡る手前からヒコサの滝遊歩道が伸びている。遊歩道に入ると最初はブナ林に続く平たんな道だが、後半は登山道と変わらない。30分ほどで滝の観瀑台に到着する。100mほど離れた先に幾筋かの流れが美しい滝を望める。

◆交通アクセス／車：上信越道妙高高原ICから国道18号、県道、妙高小谷林道（砂利道）経由で約20km。杉野沢橋の両岸たもとに駐車スペースがある。**◆問い合わせ**／妙高市観光協会☎0255-86-3911

P[36°52'50"][138°03'17"] mc 469 156 268*24

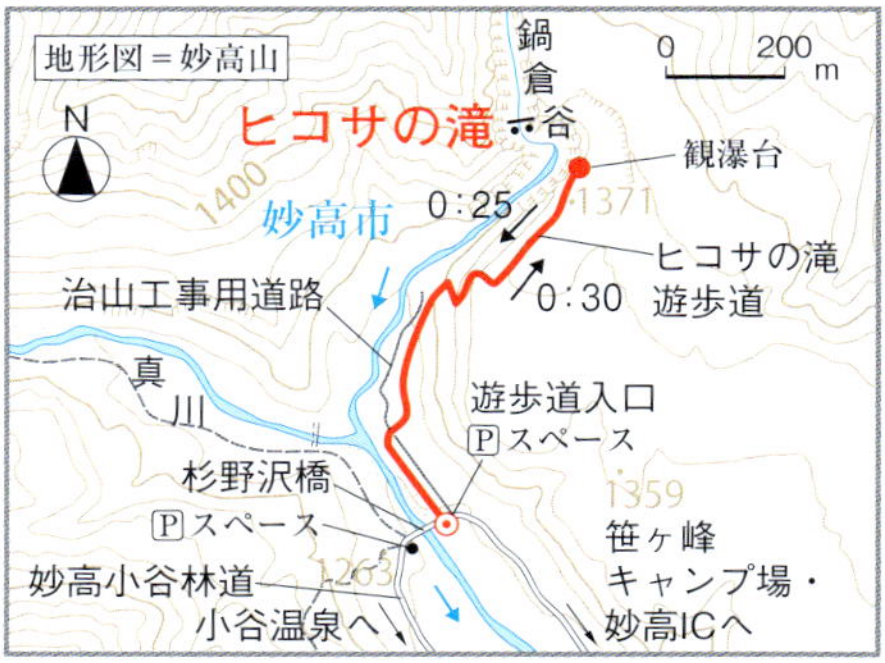

写真は秋季渇水期の姿だが、雪解け水が増える春は、かなり豪快になる（10中）

北軽井沢にある人気の滝

浅間大滝

あさまおおたき

群馬県長野原町
標高1115m／落差10m／北北西／徒歩5分／家族連れ

鼻曲《はなまがり》山に発した熊川が見せる滝。北軽井沢の県道54号から案内標識に導かれて脇道に入ると観瀑者用の駐車場があり、そこから5分も歩けば、橋を渡って滝の前に着く。落差、幅とも10m程度の台形をした滝だが、水流が豊富で迫力があり、特に夏場は涼を求める観瀑者が多い。すぐ下流にも魚止《うおどめ》の滝があり、同駐車場から林を抜け、階段を下れば滝壺前まで行ける。併せて立ち寄りたい。

◆**交通アクセス**／車：上信越自動車道上田菅平ICから国道144号、県道、林道経由約43km。観瀑者用無料駐車場がある。◆**問い合わせ**／長野原町産業課観光商工係☎0279-82-3013

P [36°27'00"] [138°36'28"] MC 737 103 549*35

滝からは、幅7mくらいの浅い流れとなり、渓流内からの撮影も容易だ（7上）

若山牧水も歌に詠んだ

不動の滝

ふどうのたき

群馬県長野原町
標高700m／落差90m／北北東／徒歩すぐ／家族連れ

八ッ場《やんば》ダム建設工事で、景観が大きく変わりつつある長野原町にある三段瀑。JR吾妻線川原湯温泉駅近く、県道375号の不動大橋から250m先の山肌に懸かる姿を望める。若山牧水《ぼくすい》は、大正7年、本瀑に立ち寄った際に「おのが身のさびしきことの思はれて　滝あふぎつつ去りがたきかも」という歌を詠んでいる。かつてあった川原湯神社奥の観瀑台よりも、不動大橋からの方が滝はよく見える。

◆**交通アクセス**／車：上信越自動車道上田菅平ICから国道144、145号、県道経由約51km。不動尊に駐車スペースがある。◆**問い合わせ**／長野原町産業課観光商工係☎0279-82-3013

P [36°32'37"] [138°41'26"] MC 295 428 757*38

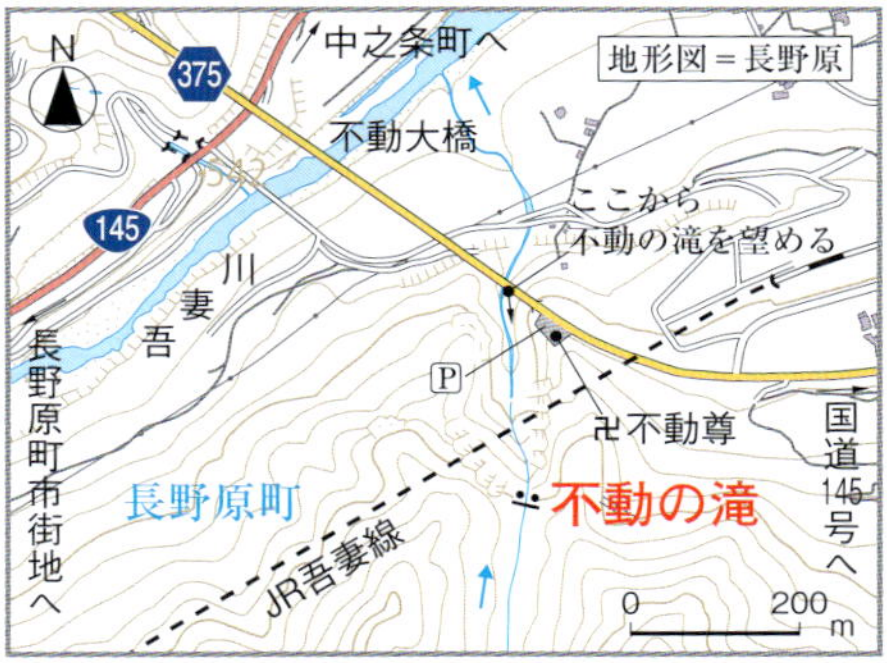

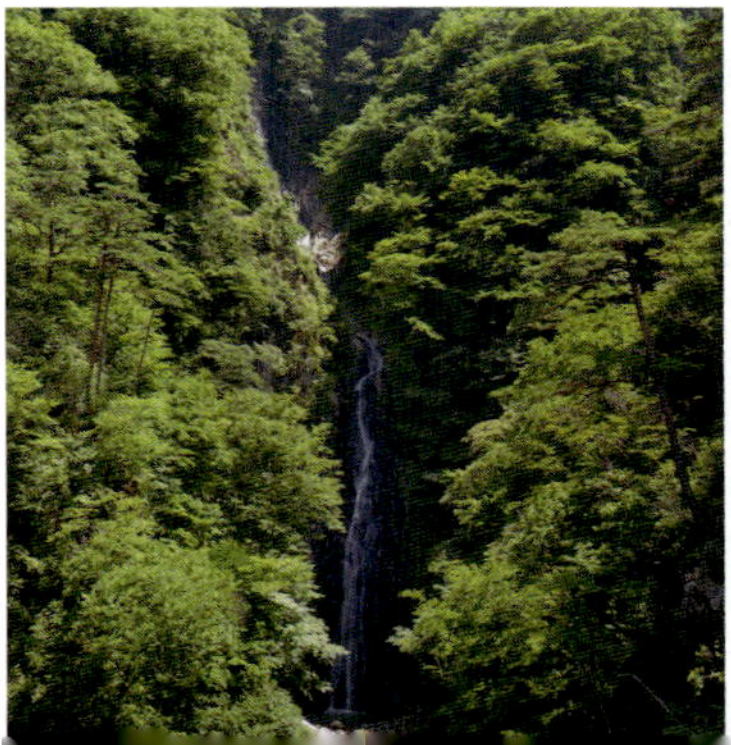

落差は上段30m、中段20m、下段40mという、かなり大きな滝。近くから見られないのは残念（7上）

仙姫が蛇に化身した伝説が残る

仙ヶ滝

せんがたき

群馬県安中市
標高400m／落差8m／南東／徒歩6分／家族連れ

安中市松井田町土塩《ひじしお》地区にある滝。県道33号から滝の案内標識に従って九十九《つくも》川沿いを進む。やがて「仙ヶ滝駐車場」の看板に従って左斜めの道へ。その駐車場に車を置き、奥に進むと遊歩道の入口だ。滝の前は広場となってベンチやあずまやがある。戦国時代、松井田城が落城した際、城主・大道寺政繁《だいどうじまさしげ》の娘・仙姫は敵から逃れられないことを悟り、滝に身を投げて蛇に化身したという。

◆交通アクセス／車：上信越自動車道松井田妙義ICから県道、国道18号、県道、市道経由で約9km。仙ヶ滝駐車場（無料）がある。◆問い合わせ／安中市観光機構☎027-385-6555

P [36°21'29"] [138°45'20"] mc 705 061 511*35

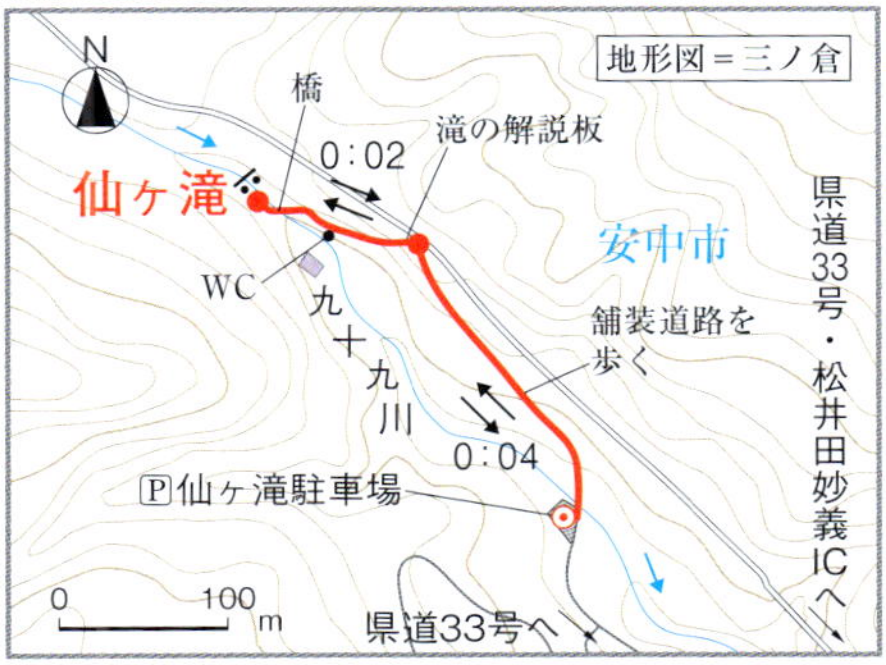

滝の裏側には、石仏や石碑が並び、ここが信仰の場として大切にされてきたことが伺える（7上）

鹿沢温泉近くで水を落とす

湯ノ丸高原山麓 玉垂れの滝

ゆのまるこうげんさんろく たまだれのたき

群馬県嬬恋村
標高1455m／落差7m／北北西／徒歩3分／家族連れ

湯ノ丸山の東隣にある桟敷《さじき》山に発する沢に懸かる滝。鹿沢《かざわ》温泉と新鹿沢温泉の間にある観瀑者用のいこいの広場駐車場から吊り橋の「りんどう橋」を渡り、小径《こみち》をたどると見えてくる。絹糸を何本も垂らしたような繊細な流れが特徴で、その名前にぴったり。岩の表面は苔むし、その緑と白水とのコントラストが味わい深い。周辺にのびる湯尻川歩道と組み合わせるプランも可能だ。

◆交通アクセス／車：上信越自動車道東部湯の丸ICから県道経由約18km。観瀑者用のいこいの広場駐車場（無料）がある。◆問い合わせ／嬬恋村観光協会☎0279-97-3721

P [36°27'03"] [138°25'39"] mc 516 111 650*21

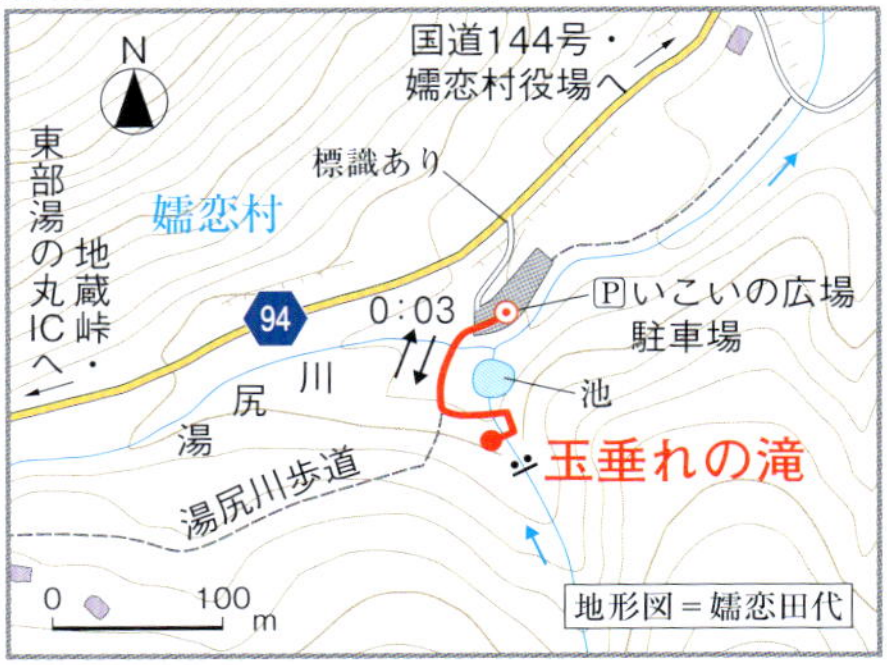

湯尻川の支流に懸かり、水量は多くないが、その繊細な流れが見どころ（10中）

酒器の形に見立てた名前

銚子滝

ちょうしたき

岐阜県高山市

標高1070m／落差18m／南／徒歩すぐ／家族連れ

平湯温泉から高山市街地へ下る途中、標識に従って右折すると、道路終点で本瀑が現れる。銚子の滝ともいう。手前にも専用の駐車場があるが、通常は終点の駐車スペースを利用する方が賢明。滝の形が、酒器の銚子に似ていることから命名された。古文書にも「丁子の瀧」という記述が登場するという。「銚子谷」として岐阜県の名水50選に選定されている。

◆交通アクセス／車：長野自動車道松本ICから国道158号、安房峠道路（有料）、国道158号、市道経由で約58km。終点に駐車スペースがある。◆問い合わせ／飛騨乗鞍観光協会☎0577-78-2345

P [36°11'14"] [137°28'07"] 620 671 077*47

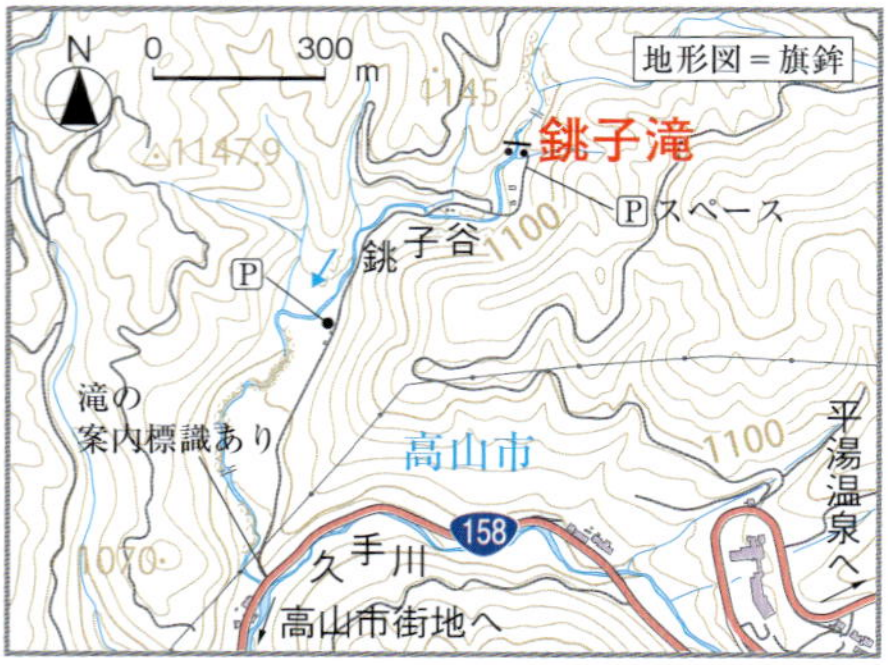

滝の上部にわずかな段差があり、そこに水流が当たって、大きく跳ね返っている（10上）

バスの車窓からも望める

立山黒部アルペンルート ソーメン滝

たてやまくろべあるぺんるーと そーめんたき

富山県立山町

標高2160m／落差130m／西／徒歩12分（往復27分）／家族連れ

立山高原バスに乗車すれば途中、車窓に望める（室堂→美女平の場合は右側）が、天狗平バス停で下車して徒歩で展望台に向かうことも可能。弥陀ヶ原《みだがはら》方面に登山道を下り、立山道路に出たところで右に行くと、ソーメン滝展望台がある。称《しょう》名《みょう》川の支流にある渓流瀑で、地獄谷で責められた餓鬼《がき》が、この滝で赦免される伝説から「赦免滝《しゃめん》」とも呼ばれる。

◆交通アクセス／車：長野自動車道安曇野ICから県道、国道147号、県道経由で約43km。扇沢駅に有料と無料の駐車場がある。立山黒部アルペンルートに接続。◆問い合わせ／立山黒部アルペンルート☎076-432-2819

[36°34'50"] [137°34'45"] 889 279 266*22

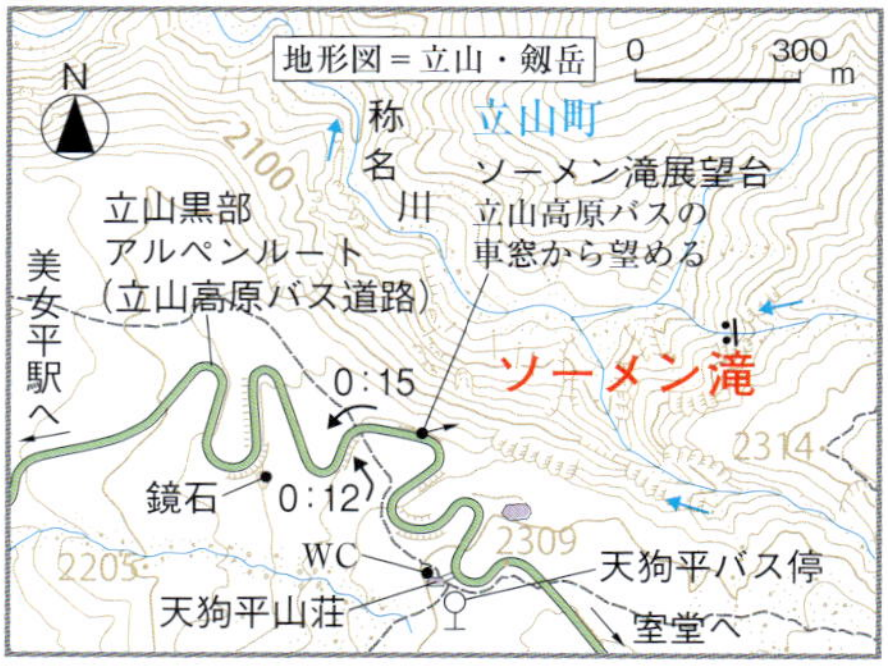

立山高原バスの車窓から望むソーメン滝。車内アナウンスがあり、減速してくれる（10上）

温泉街で観賞できる繊細な美瀑

御嶽山麓 濁河温泉 白糸の滝

おんたけさんろく・にごりごおんせん しらいとのたき

岐阜県下呂市
標高1770m／落差15m／北西／徒歩2分／家族連れ

濁河温泉の上部、湯ノ谷がつくる分岐瀑。県道435号沿いに滝の標識が立っており、そこから滝を見下ろせるが、50mほど奥に御嶽山・小坂《おさか》登山口の駐車場があるので、車はそこに置いて徒歩で戻ろう。名前の通り、幾千もの白糸が掛かっているかのような繊細な姿が印象的だ。幅が広いので見応えがある。

◆**交通アクセス**／車：中央自動車道伊那ICから県道、国道361号（権兵衛トンネル）、国道19、361号、県道経由で約81km。奥に小坂登山口の無料駐車場がある。◆**問い合わせ**／飛騨小坂ビジターセンター☎0576-62-2215、下呂市観光課☎0576-24-2222

P [35°55’24”] [137°27’02”] MC 509 024 372*14

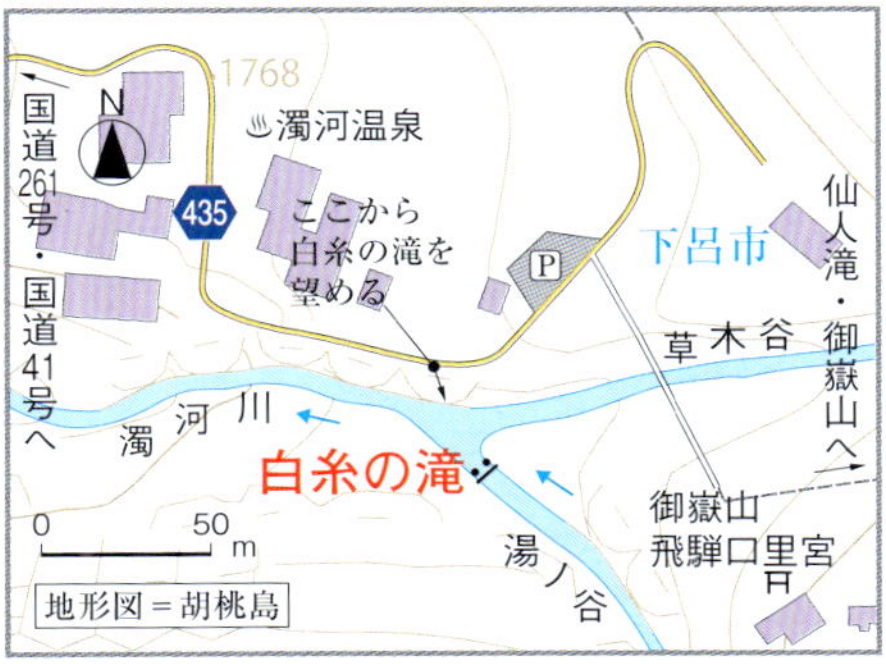

湯ノ谷の流れに対して岩盤が県道側に傾いているので、観賞しやすい（8上）

6段も連なる段瀑

乗鞍岳 中腹 ダナの滝

のりくらだけちゅうふく・だなのたき

岐阜県高山市
標高1395m／落差30m／南東／徒歩5分（往復15分）／家族連れ

乗鞍岳の南側中腹、阿多野郷《あたのごう》川が見せる滝。県道39号からアイミックス南乗鞍オートキャンプ場に向けて舗装された阿多野郷林道を約1.4km上がると、ヘアピンカーブに滝の解説版が立っている。ここから少し下り、川に沿って上流に向けて歩くと滝が現れるが、終盤は草に覆われ気味。解説板によると上流に向けて6段も連なっているそうだ。

◆**交通アクセス**／車：長野自動車道松本ICから国道158号、県道、国道361号、阿多野郷林道（舗装）経由で約64km。入口に駐車スペースがある。◆**問い合わせ**／高山市高根支所☎0577-59-2211

P [36°03’18”] [137°31’49”] MC 620 198 209*47

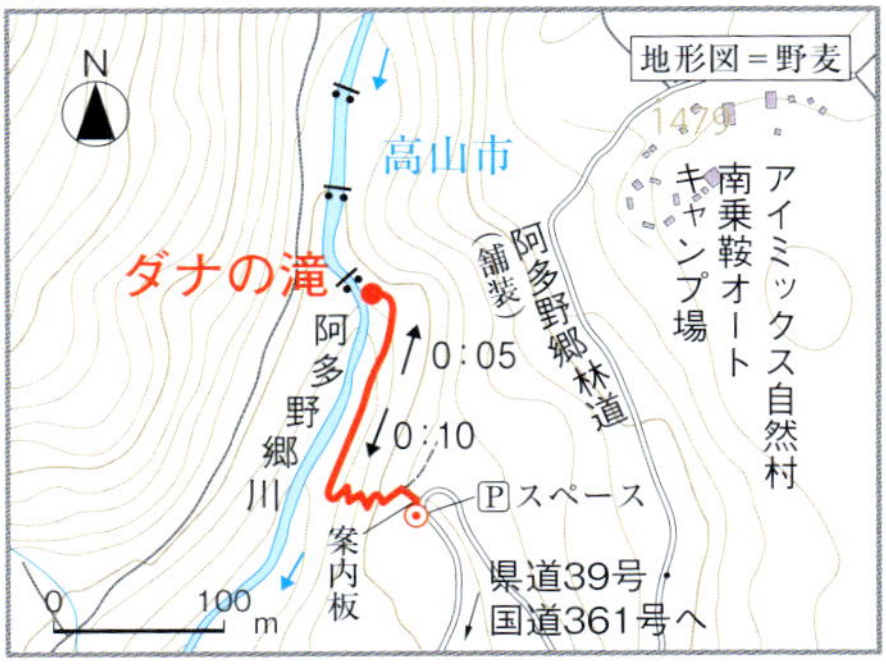

歩道終点にある最下段の滝。筆者取材時は一部、歩道が不明瞭で少し迷ってしまった（6中）

未掲載の主な滝リスト

比較的手軽に訪問できる（もしくは過去に訪問できた）本書未掲載の主な滝です。掲載候補に挙げていたものの、気軽な訪問が困難になったため掲載を見送った滝も含みます。観瀑や現地到達が難しい滝については、今後状況が変わる可能性もあります。

【長野県】 赤滝／野沢温泉村／毛無山中腹の分岐瀑
蜘蛛ヶ淵の滝／木島平村／草が遊歩道を覆う
樽滝／同／国道403号から観瀑可能
文殊滝／長野市／鬼無里地区の道から山斜面に望む
隠れ滝／同／上ヶ屋地区の不動明王尊境内
五色の滝／同／ダムに沈んだ滝の代わりの人工滝
不動滝／同／県道が通行止めで取材できず
女陰の滝／千曲市／千曲川支流に懸かる
血の滝／軽井沢町／酸化鉄のため赤褐色水が落水
小天狗の滝／佐久市／林道通行止めで観瀑不可
振袖の滝／同／林道通行止めで観瀑不可
千切の滝／同／林道通行止めで観瀑不可
不動滝／長和町／大茂沢渓谷、林道から遊歩道あり
雪瀬の滝／北相木村／遊歩道が荒れていた
箱瀬の滝／同／相木川、崩落で景観が一変
尾丸滝／小谷村／小谷温泉近く、県道から遠望可
白糸の滝／大町市／民有地のため観瀑不可
大水沢の滝／安曇野市／木が邪魔して見えづらい
親子滝／松本市／国道158号の親子滝トンネル北口
竜神の滝／同／白骨温泉近く、県道沿いの潜流瀑
天狗の滝／同／奈川地区の県道26号から遠望
多留姫の滝／茅野市／宮川支流に懸かる段瀑
黄金ヶ滝／飯田市／白井川にあるが分かりにくい
湯之沢の滝／同／南信濃地区の梶谷川支流
田島沢の滝／中川村／木に覆われ全貌見えず
井戸入沢の滝／同／取材時は工事で見えず
暮白の滝／阿智村／園原川の段瀑

【新潟県】 不動滝／湯沢町／取材時は工事で通行止め
四十八滝／同／木に隠されて見えず
幻の大滝／妙高市／1993年に再発見された滝

【群馬県】 嫗仙の滝／草津町／白砂川上流の分岐瀑
白糸の滝／長野原町／八ッ場ダム工事で観瀑不可
瀬戸の滝／嬬恋村／吾妻川支流の段瀑
阿唱念の滝／下仁田町／市ノ萱川支流の直瀑
象ヶ滝／南牧村／南牧川上流の段瀑
三段の滝／同／南牧川支流の段瀑

【山梨県】 大滝／北杜市／大門川の分岐瀑
千ヶ滝／北杜市・長野県南牧村／清里駅近く
桑の木滝／同／大武川支流の分岐瀑
見神の滝／早川町／雨畑川の落差40mの直瀑
羽衣白糸の滝／同／春木川支流の直瀑

【岐阜県】 材木滝／下呂市／濁河川支流の直瀑
木曽越の滝／同／付知川上流の直瀑

【静岡県】 布滝／浜松市／水窪地区の県道389号沿い

【愛知県】 四五六滝／豊根村／県道1号から望む段瀑
大立不動滝／同／県道429号から望む段瀑

温泉華が酸化して緋色に見える

御嶽山麓 濁河温泉 緋の滝

おんたけさんろく・にごりごおんせん ひのたき

岐阜県下呂市
標高1740m／落差20m／西北西／徒歩5分／家族連れ

前項「白糸の滝」と同じく濁河温泉にあるが、本瀑は濁河川本流に懸かる。市営露天風呂を見送った先の市営駐車場に車を置く。県道を150m戻ると「滝見歩道」という道標が立つ入口がある。木立を抜ければ観瀑台に出て、眼下に望める。温《おん》泉華《せんか》が岩壁に付着・酸化して滝が緋《ひ》色に見えることが由来。

◆交通アクセス／車：中央自動車道伊那ICから県道、国道361号（権兵衛トンネル）、国道19、361号、県道経由で約81km。近くに市営駐車場（無料）がある。**◆問い合わせ**／飛騨小坂ビジターセンター☎0576-62-2215、下呂市観光課☎0576-24-2222

Ⓟ[35°55'24"][137°26'58"] MC 509 024 368*14

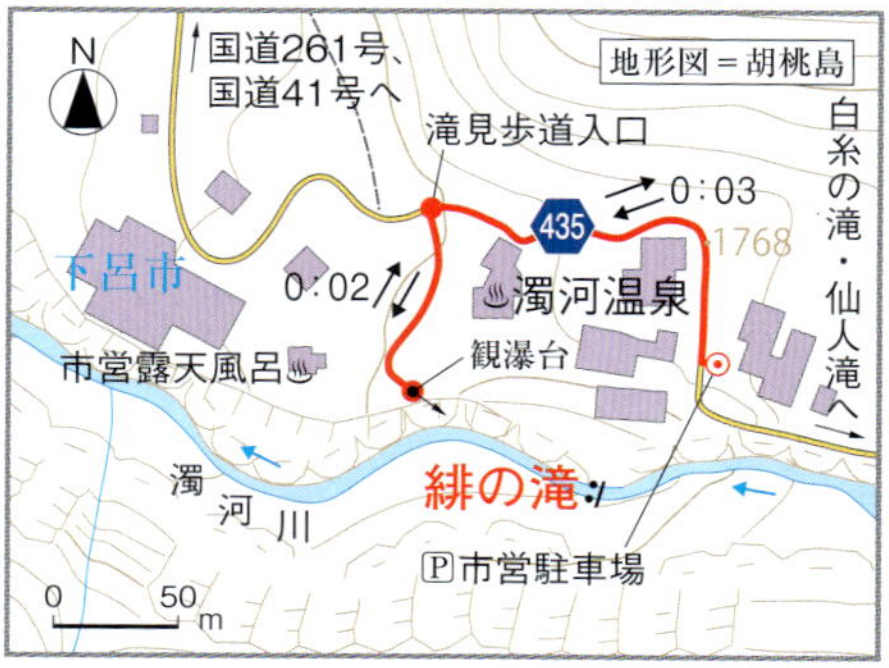

白糸の滝の岩盤が黒いのに対して、本瀑の岩壁は温泉華により淡褐色を呈している（8上）

参考図書

『信州日帰り滝めぐり』信濃毎日新聞社出版局編／信濃毎日新聞社（1998）
『新潟　滝と渓谷を行く』伊東敬一／新潟日報事業社（1994）
『ぐんま　滝めぐり90選』上毛新聞社（2000）
『ぎふの名瀑名峡』岐阜県林政部自然環境保全課編／教育出版文化協会（1994）
『増補改訂　立山道を歩く』富山県ナチュラリスト協会編／北日本新聞社（2001）
『日本の滝１　東日本661滝』北中康文／山と渓谷社（2004）
『日本の滝1000　和みの滝』竹内敏信＋日本滝写真家協会／学習研究社（2002）
『日本の滝1000　遊楽の滝』竹内敏信＋日本滝写真家協会／学習研究社（2002）
『日本の滝1000　幽遠の滝』竹内敏信＋日本滝写真家協会／学習研究社（2002）
『日本のアルプスの登山と探検』ウォルター・ウェストン／岩波文庫（1997）
『日本山名事典』徳久球雄ほか編／三省堂（2004）

総合さくいん

日野　東（ひの・あずま）

1964年広島県生まれ。出版社に編集者として勤務後フリー。全国の自然と花をテーマに撮影取材を続けるフォトライター。著書に『信州高原トレッキングガイド 増補改訂版』『日本湿原紀行』『信州湿原紀行』（以上、信濃毎日新聞社）『東海トレッキングガイド』（風媒社）などがある。また『信州登山口情報400』（信濃毎日新聞社）『新潟県登山口情報300』（新潟日報事業社）などの刊行を通して、登山口に特化した情報提供を行う全国登山口調査会を主宰。

メールアドレス＝way@mx8.ttcn.ne.jp
URL＝http://naturelog.main.jp/
全国登山口調査会URL＝http://tozanguchi.halfmoon.jp/

▶ブックデザイン　酒井隆志
▶地図製作・DTP　株式会社千秋社
▶編集進行　内山郁夫

本書に掲載した地図の作成に当たっては、国土地理院長の承認を得て、同院発行の数値地図（国土基本情報）電子国土基本図（地図情報）、数値地図（国土基本情報）電子国土基本図（地名情報）、数値地図（国土基本情報20万）および基盤地図情報を使用した。（承認番号平29情使、第1206号）

「マップコード」および「MAPCODE」は㈱デンソーの登録商標です。

滝めぐり　信州＋県境の名瀑120選

2018年 3 月26日　初版発行

著　者　日野　東
発行所　信濃毎日新聞社
〒380-8546 長野市南県町657番地
TEL026-236-3377
FAX026-236-3096
https://shop.shinmai.co.jp/books/
印刷所　信毎書籍印刷株式会社
製本所　株式会社渋谷文泉閣

ISBN978-4-7840-7324-5 C0026

定価は本のカバーに表示してあります。
乱丁・落丁本は、送料弊社負担にてお取り替えいたします。